ジャストシステム公認

学んで作る！
一太郎 2018
使いこなしガイド

内藤由美＋井上健語
＋ジャムハウス編集部［著］

Jam House

■本文中のキー表記については、基本的にWindowsパソコンでのキーボード（日本語106キーボード）で表示をしています。なお、日本語対応のキーボードではない場合、本書中で解説している機能が実行できないことがありますので、ご注意ください。
■キーボード上でのキーは、Escのように囲んで表記しています。
■キーを「＋」でつないでいる場合は、2つあるいは3つのキーを同時に押しながら操作をすることを示しています。たとえば、Shift＋Aの場合は、Shiftキーを押しながらAキーを押すという動作を示します。
■マウス操作については、「クリック」と表記されている場合、左ボタンでのクリックを表しています。右ボタンでのクリックは「右クリック」と表記しています。
■本書中の画面はWindows 10で作成しました。
■本書では、特に注釈のない場合、一太郎の画面や操作環境は初回起動時の設定で解説しています。
■本書では、ジャンプパレットやツールパレットは解説内容に応じて表示／非表示を切り替えていることがあります。
■本書では、解説内容に応じて画面表示の解像度や倍率を変更している図版があります。そのため記載されている画面表示と実際の操作画面で、多少のイメージが異なる場合があります。操作上の問題はありませんので、ご了承ください。
■インターネットに関係する機能は、サービス内容および画面が随時変更する場合がありますので、ご了承ください。

● 「一太郎2018」「ATOK for Windows」「花子2018」「Shuriken 2018」は、株式会社ジャストシステムの著作物であり、それぞれにかかる著作権、その他の権利は株式会社ジャストシステムおよび各権利者に帰属します。
● 「一太郎」「一太郎スマイル」「一太郎 文藝」「Voice一太郎」「ATOK」「推測変換」「VoiceATOK」「花子」「ドキュメントナビ」「ドクターマウス」「Shuriken」「文字スタジオ」「XMLテンプレートクリエーター」「図解マスター」「シンキングテンプレート」「楽々はがき」は、株式会社ジャストシステムの商標または登録商標です。
● Microsoft、Windows、Excel、Internet Explorer、PowerPoint、Outlook、Visual C++は、米国Microsoft Corporationの米国およびその他の国における登録商標です。
● 『日本語使いさばき辞典』は、あすとろ出版株式会社発行の辞典です。
● 『広辞苑』は、株式会社岩波書店の登録商標です。
● キングジム、KING JIM、ポメラ、pomeraは、株式会社キングジムの登録商標または商標です。
● © 2018 Britannica Japan Co., Ltd.　Encyclopædia Britannica, Inc.
● Microsoft Corporationのガイドラインに従って画面写真を使用しています。
● UnicodeはUnicode, Inc.の商標です。
● EPUBはW3Cの商標です。
● 『広辞苑』の著作権は別記編者と株式会社岩波書店に帰属します。
● Zoner Photo Studioは、Zoner Softwareの登録商標です。
● Android、Google Playは、Google Inc.の商標または登録商標です。
● IOSは、Cisco社の米国およびその他の国における商標または登録商標であり、ライセンスに基づき使用されています。
● iPhone、iPad、App Storeは、米国Apple Inc.の米国およびその他の国における登録商標または商標です。
● その他記載された会社名、製品名等は、各社の登録商標もしくは商標、または弊社の商標です。
● 本文中には、®及び™マークは明記しておりません。

© 2018　本書の内容は、著作権法上の保護を受けています。著作権者および株式会社ジャムハウスの文書による許諾を得ずに、本書の内容の一部あるいは全体を無断で複写・複製・転写・転載・翻訳・デジタルデータ化することは禁じられております。

Contents

序章　一太郎2018の新機能　007

- 序-1　アウトプットナビで出力をきわめる　008
- 序-2　レイアウトの品質をきわめる　013
- 序-3　チェック機能や校正機能で文書の品質を高める　016
- 序-4　もの書きに最適な機能が向上　019
- 序-5　ATOKの新機能　025

第1章　基本操作編　一太郎2018の基本操作　027

- 1-1　一太郎2018各部の名称　028
- 1-2　一太郎2018の起動と終了　030
- 1-3　作成した文書をファイルとして保存する　033
- 1-4　文字に色や飾りを付ける　037
- 1-5　書式を微調整する　045
- 1-6　写真やイラストを挿入する　051
- 1-7　文書全体のスタイルを設定する　055
- 1-8　コピーや取り消しなど編集操作の基本　058
- 1-9　文書を印刷する　062

第2章　基本操作編　ATOKの基本操作　065

- 2-1　ATOKの基本操作　066
- 2-2　活用したい！ATOKの便利な機能　076

第3章 作例編 紙一枚で折り本を作ろう　091

- 3-1 テンプレートを利用して内容を作成する　093
- 3-2 全体を確認して最終調整する　112
- 3-3 折り本スタイルで印刷する　119
- 3-4 アウトプットナビを活用する　122

第4章 作例編 オリジナル小説を書こう　127

- 4-1 スタイルを設定して文章を入力する　129
- 4-2 ふりがなをふる　137
- 4-3 文書の文字数を確認する　141
- 4-4 文書を校正する　144
- 4-5 文書の体裁を整える　149
- 4-6 さまざまな方法でアウトプットする　159

第5章 作例編 サークルの会報を作ってみよう　163

- 5-1 文書スタイルを設定する　165
- 5-2 アート文字を挿入する　170
- 5-3 写真やイラストを挿入する　181
- 5-4 小見出しやレイアウト枠のスタイルを設定する　190

第6章 応用編 一太郎2018を使いこなそう　201

6-1	【表示】オーダーメイドで操作環境をカスタマイズする	202
6-2	【表示】作業フェーズを切り替える	204
6-3	【表示】画面の表示倍率を変更する	206
6-4	【表示】ウィンドウを分割して表示する	207
6-5	【表示】目的の位置やページに素早くジャンプする	208
6-6	【表示】画面の表示をくっきり見やすくする	209
6-7	【表示】ブックマークを追加して移動する	210
6-8	【文書管理】関連するファイルをシートとして追加する	211
6-9	【文書管理】シートを移動、コピー、削除する	212
6-10	【文書管理】シートの名前とタブ色を変更する	213
6-11	【文書管理】シートタブを切り替える	214
6-12	【文書管理】シートタブの表示位置を変更する	214
6-13	【罫線】罫線で直線を引く	215
6-14	【罫線】罫線で表を作成する	216
6-15	【罫線】文字列から罫線表を作成する	217
6-16	【罫線】斜線を引く	218
6-17	【罫線】括弧を描く	219
6-18	【罫線】罫線の種類を変更する	220
6-19	【罫線】罫線を消去する	221
6-20	【作図】図形を描く	223
6-21	【写真】写真をまとめてレイアウトする	225
6-22	【写真】写真に効果を付ける	227
6-23	【感太】感太を使って言葉を挿入する	228
6-24	【書式】文字飾りをストックして再利用する	229
6-25	【書式】きまるフレームで枠を簡単に挿入する	230

6-26	【書式】段組を設定する	232
6-27	【書式】ページのヘッダ・フッタを設定する	233
6-28	【書式】ドロップキャップで先頭文字を大きくする	234
6-29	【文字】文字列を検索する	235
6-30	【文字】文字列を置換する	236
6-31	【文字】アルファベットや数字を半角に変換する	237
6-32	【印刷】原稿用紙のテンプレートを使う	238
6-33	【印刷】市販のラベルやタック用紙に印刷する	240
6-34	【印刷】行間ラインを好みの色で印刷する	242
6-35	【印刷】1ページだけの文書にページ番号を印刷しない	243
6-36	【ツール】カーソルを移動したとき余白を残してスクロールする	243
6-37	【ツール】取り消し回数を増やす	244
6-38	【ツール】オプションの設定項目を検索する	244
6-39	【保存】Word形式で保存する	245
6-40	【環境】インストール直後の状態に戻す	246
6-41	【はがき】はがきを作成する	247

付録　一太郎2018プレミアム／スーパープレミアムでできること　249

1	一太郎2018 プレミアム	249
2	一太郎2018 スーパープレミアム	251

索引　253

序章

一太郎2018の新機能

新しい一太郎は、文書作成のゴール＝出力をサポートする機能「アウトプットナビ」を搭載しています。そのほかにも、レイアウトの品質をきわめる機能や、文書の内容に応じた最適な校正機能などが利用可能です。そして、ディープコアエンジンをさらに進化させたATOKでは、入力ミスを自動修復する機能を利用できます。

1 アウトプットナビで出力をきわめる

文書を作成したら、印刷して提出したり、冊子としてとじたり、メールに添付して送ったり、何らかの形でアウトプットします。一太郎2018には、アウトプットをサポートする新機能「アウトプットナビ」が搭載されました。

1-1 文書作成のゴールをアシストするアウトプットナビ NEW

アウトプットナビには、プリンターからの印刷、冊子作成を意識した印刷、PDF・電子書籍に対応した出力などのモードが用意されています。作成したい文書に応じて機能を選びましょう。
→159ページへ

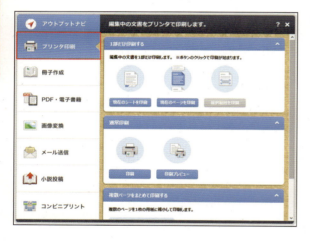

● プリンタ印刷

通常印刷のほか、1部だけ印刷する機能をわかりやすいナビ画面から利用できます。

複数ページをまとめて印刷する[レイアウト印刷]も呼び出すことができます。

● **冊子作成**

複数ページを印刷して、中とじ・平とじ本を作成できます。ほかにも、「折り本をつくる」「印刷所にデータを入稿する」のナビ画面が選べます。

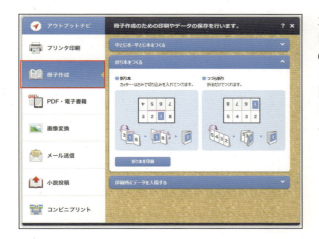

カッターやはさみで切り込みを入れて作る「折り本」、折るだけで完成する「つづら折り」の冊子を作るのも簡単です。

「テンプレート」には、新たに「折り本テンプレート」が用意されています。

→093ページへ

序-1 アウトプットナビで出力をきわめる

作った冊子を印刷所に入稿したいときには、ファイル形式を選んで保存し、印刷所の入稿方法を確認できます。

● **PDF・電子書籍**

一太郎で作成した文書を、PDFや電子書籍のファイル形式で保存できます。電子書籍では、EPUB形式のほか、Kindle（アマゾン）のmobi形式を指定できます。

● **画像変換**

画像に変換して保存すれば、SNSへの投稿も簡単です。

● メール送信

一太郎文書として送信するほか、PDFに変換しての送信も可能です。

● 小説投稿

小説投稿サイト式に応じた形式を選んで、一太郎文書で設定したふりがな（ルビ）や傍点（圏点）を保存できます。

● コンビニプリント

作成した文書をPDF形式ファイルとして保存し、コンビニエンスストアのコピー機で印刷します。出先での印刷や、A3やB4サイズの大きな用紙の印刷などに活用できます。

1-2 ［印刷］ダイアログボックスのデザインが一新

［印刷］ダイアログボックスのデザインも一新されています。通常印刷はシンプルな操作で、特殊印刷は分かりやすく設定しやすい画面から利用できます。
→62ページへ

● 通常

● 拡大縮小

● レイアウト

● 冊子

● 折り本

● トンボ

● ポスター

2 レイアウトの品質をきわめる

文字組やレイアウトの出力品質を高める、新機能や強化機能が用意されています。縦組文書に最適化された機能も利用できます。

2-1 縦組文書のレイアウト UP

縦組文書のレイアウトが強化されています。見開き両面印刷で本文行位置の精度が向上したほか、傍点の見やすさ、引用符の補完などもスムーズになっています。

● 縦組時見開き印刷のレイアウト強化

冊子作成などで、見開きで両面印刷する場合に、ページの表と裏で、行の位置を揃えるオプションを利用できます。

● 傍点のレイアウト強化

縦組時の傍点のレイアウトが強化され、本文からほどよい距離をとります。

● 入力アシスト：縦組引用符の補完

引用符や括弧が入力された場合、対になるものを自動的に入力し、カーソルを引用符や括弧の中に移動します。縦組用のダブルミニュート(〝〟)の補完にも対応しています。

→132ページへ

● 小説用ダッシュ

小説や記事などで使われる二倍ダーシ（ダッシュ）が入力しやすくなりました。連続するダッシュに限り、文字サイズを拡大することで、つなげるオプションを利用できます。

2-2 長文や冊子のレイアウト

長文の文書を作成したら、「目次ギャラリー」から、用途に応じた目次デザインを選択できます。また、「きまるスタイル」には、新たに「新書サイズ」が追加されています。

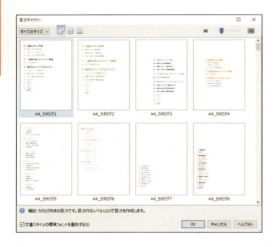

● 目次ギャラリー　NEW

「雑誌・カタログ」「教養書」「文芸書」など、用途に応じた目次デザインを選択できます。

→150ページへ

組版のデザインも数多く用意されています。

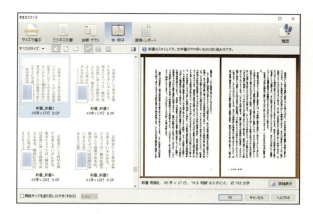

● **きまるスタイル強化** UP

「きまるスタイル」には、新たに新書サイズなど、19点が追加されています。

→129ページへ

印刷所に入稿して作る冊子の場合、裁ち落とし位置までの塗り足しを作ることができます。

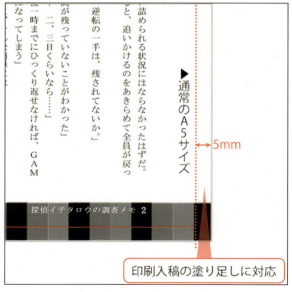

塗り足しは、3mm、4mm、5mmから選択できます。

3 チェック機能や校正機能で文書の品質を高める

文書の誤りを正したり、より品質の高い文書を作成するための新機能や強化機能が追加されています。気になる頻出語も、チェックしておきましょう。

3-1 気になる頻出語をチェック NEW

同じ言葉や言い回しが続くと、文章が単調だと感じたり、稚拙な印象を受ける場合があります。同じ言葉が続くことを避けたいときには、「頻出語チェック」の機能を利用できます。
→148ページへ

頻出語チェックの実行結果。すべてを指摘した場合。

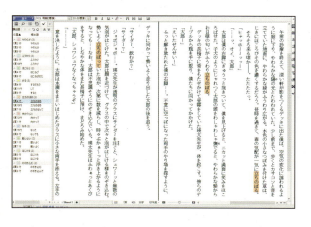

1つの頻出語グループだけをマークした場合。

チェックを実行する際には、対象となる文章の範囲、品詞の種類を指定します。

3-2 「小説」の校正機能を強化

校正機能では、小説ならではの表現、擬音語・擬態語などを過剰に指摘することを抑制します。そのほか、小説特有の約物チェックなども行います。
→144ページへ

● 擬音語・擬態語 NEW

擬音語・擬態語がオンの場合

校正機能で[小説]を選ぶと、「擬音語・擬態語」のチェックはオフになります。

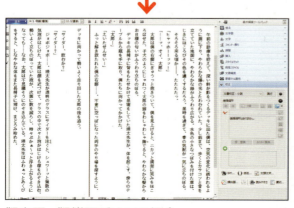

擬音語・擬態語がオフの場合

● **小説向け校正機能**

「行頭に空白をあける」「閉じ括弧の前の空白を省略する」など、小説ならではの書き方をチェックできます。

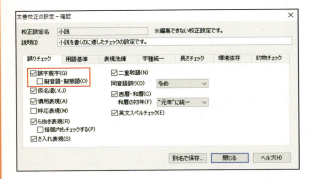

擬音語・擬態語のチェックは外れています。

括弧内のくだけた表現は、チェックしません。

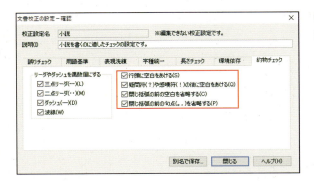

行頭に空白をあけて、閉じ括弧の前の空白を省略します。

4 もの書きに最適な機能が向上

もの書きにとって最適な入力環境や、表示環境が用意されています。また、小説投稿サイトやブログ記事との連携もスムーズです。

4-1 もの書きに最適なアシスト機能や表示機能

小説など会話文のある文書の作成をサポートする入力アシスト機能を利用できます。また、文書作成中は編集記号を見やすい色で表示したり、エディタフェーズでの行間を広く設定したりできます。

● 入力アシスト UP

行頭の開き括弧・改行の前の空白を削除
→132ページへ

●[行頭の開き括弧・改行の前の空白を削除する]がオフのとき

1. 1マス字下げされた状態

```
　そろそろ来る頃か。
　|
```

2. [Back Space]キーを押して、行頭に移動

```
　そろそろ来る頃か。
|
```

3. [「]キーを押して、2文字目に移動

```
　そろそろ来る頃か。
　「|
```

●[行頭の開き括弧・改行の前の空白を削除する]がオンのとき

1. 1マス字下げされた状態

```
　そろそろ来る頃か。
　|
```

2. [「]キーを押すと、行頭の空白が自動的に削除され、2文字目に移動

```
　そろそろ来る頃か。
「|
```

「行頭に空白をあける」「閉じ括弧の前の空白を省略する」など、小説ならではの入力がサポートされます。

→132ページへ

● [行頭にスペースを挿入する] がオフのとき
1. 行末にカーソルがある状態

> もう一人の参加者がいた。隣のクラスで、同じく幼なじみの円香だ。|

2. [Enter]キーを押して、次行の先頭に移動

> もう一人の参加者がいた。隣のクラスで、同じく幼なじみの円香だ。⏎
> |

3. □キーを押して、1マス字下げ

> もう一人の参加者がいた。隣のクラスで、同じく幼なじみの円香だ。⏎
> □|

● [行頭にスペースを挿入する] がオンのとき
1. 行末にカーソルがある状態

> もう一人の参加者がいた。隣のクラスで、同じく幼なじみの円香だ。|

2. [Enter]キーを押すと、次行に移動して、自動的に1マス字下げ

> もう一人の参加者がいた。隣のクラスで、同じく幼なじみの円香だ。⏎
> □|

● [行頭の開き括弧と対になる閉じ括弧で改行する] がオフのとき
1. 会話文の末尾にカーソルがある状態

> 「もう、そんな小さい子ども扱いしないでよね|

2. [｣]キーを押して、閉じ括弧が入力され、行末に移動

> 「もう、そんな小さい子ども扱いしないでよね」|

3. [Enter]キーを押して、次行に移動

> 「もう、そんな小さい子ども扱いしないでよね」⏎
> |

● [行頭の開き括弧と対になる閉じ括弧で改行する] がオンのとき
1. 会話文の末尾にカーソルがある状態

> 「もう、そんな小さい子ども扱いしないでよね|

2. [｣]キーを押すと、閉じ括弧が入力され、自動的に次行に移動

> 「もう、そんな小さい子ども扱いしないでよね」⏎
> |

序―4 モノ書きに最適な機能が向上

● 編集記号カラー表示

［表示－画面表示設定］を選択し、［共通］シートで［編集記号タイプ］を選択したら、OK をクリックします。

序章
一太郎2018の新機能

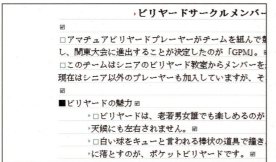

薄い色　　　　　　　　　　　　　　　　グリーン

ブルー　　　　　　　　　　　　　　　　イエロー

021

簡易ピンク　　　　　　　　　　　　　簡易ブルー

● エディタフェーズの行間設定　UP

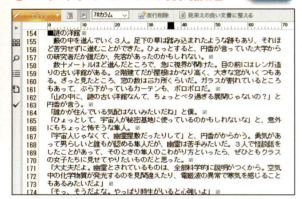

ふつう

エディタフェーズの行間を[ふつう][やや広め][広め]から選択できます。
→135ページへ

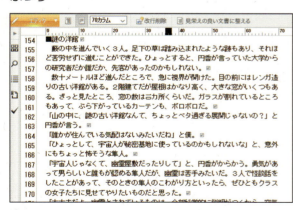

広め

MEMO　ソプラウィンドウ：「ポメラ」DM200連携
株式会社キングジムが製造販売するデジタルメモ「ポメラ」と連携して、「ポメラ」で書きとめたメモを一太郎に取り込むことができます。一太郎2018では、「ポメラ」DM200からのテキスト取り込みに対応しました。

4-2 ブログや小説投稿サイトとの連携が簡単

一太郎文書を小説投稿サイトの形式で保存したり、小説投稿サイトのテキストを一太郎に読み込んだりするときに、ふりがなや傍点をそのまま移行できます。

● テキスト読み込み時のふりがな自動設定　UP

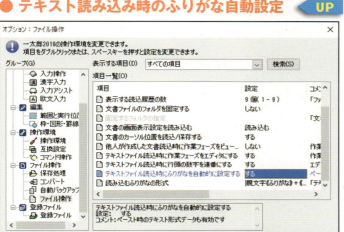

小説投稿サイトに公開した作品を一太郎に読み込んで印刷したり、再編集したりしたい場合に、ふりがなや傍点を再現することができます。

→139ページへ

● テキスト保存時のふりがな保存

ふりがなと傍点をサイトに応じた書式で保存することができます。

→139ページへ

● まとめて改行削除

小説投稿サイトなどのウェブ小説やブログとして投稿した記事などは、読みやすさのために空行を多用することがあります。こうした文章を一太郎上でまとめたいときに、不要な改行をまとめて削除できます。

→140ページへ

5 ATOKの新機能

一太郎2018とあわせて提供される「ATOK for Windows 一太郎2018 Limited」は、ディープラーニング技術を適用して変換精度を上げる「ATOKディープコアエンジン」をさらに進化させています。ATOKディープコアエンジンの機能をもとに、入力ミスによる誤変換を削減する「ATOKディープコレクト」が新たに搭載されました。

5-1 ディープラーニング技術でサポート

さらに進化したATOKは、変換精度を上げるだけでなく、誤変換を削減する機能も搭載しています。

● ATOKディープコレクトで誤変換を削減　NEW

キーボードからの入力時には、隣のキーを押したり、同じキーを連続で押してしまったりと入力ミスがありがちです。ATOKディープコレクトの機能により、起こりがちな入力ミスを解析し、□キーを押して変換するタイミングで、自動で修復してくれます。

● ATOKディープコアエンジンがさらに進化　UP

```
その後／サイト／内で／公開します
```

ATOKディープコアエンジンがさらに進化し、学習情報が変換結果に悪影響を及ぼす場合に抑止するチューニングなどが実施されています。

さまざまな文章を入力する過程で「歳と」や「才と」という単語を学習

```
その／五歳と／ないで／公開します
```

過去のバージョンのATOKの場合。

```
その後／サイト／内で／公開します
```

新しいのATOKの場合。

● 変換辞書の語彙を拡充　UP

時事用語や冬季オリンピックに向けての用語などが新たに追加されました。

冬季オリンピックに向けて	
江陵	カンヌン（平昌五輪開催地の一つ）
スウィーピング	カーリング
コレオ・シークエンス	フィギュアスケート
ラディウス	スキー

時事用語	
たびレジ	外務省海外旅行登録システム
リポスト	Instagramでほかの人の投稿をシェアをすること
顕性／遺伝	遺伝学の用語変更
つみたて／NISA	2018年1月スタートの少額の長期・積立・分散投資を支援するための非課税制度
線状／降水帯	最近天気のニュースで見聞きするようになりました

第1章 基本操作編

一太郎2018の基本操作

一太郎2018の基本操作を確認しましょう。画面各部の名称を確認し、起動と終了、ファイルの保存や印刷などの方法について説明してます。
そのほか、写真の挿入やコピーと貼り付け、書式の調整など文章作成に役立つ機能も解説しています。

1 一太郎2018 各部の名称

一太郎2018は、左側にジャンプパレット、中央に編集画面、右側にツールパレットが配置されています。それぞれの内容を把握して、効率良く文書を作成しましょう。

基本編集フェーズ画面

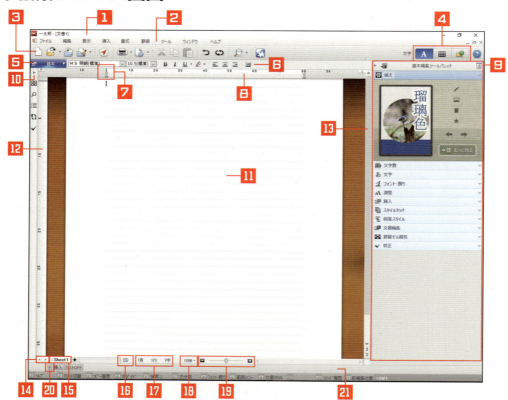

1 タイトルバー

アプリケーション名と編集中の文書名が表示されます。

2 メニューバー

クリックすると、ドロップダウンメニューが表示され、機能を選択して実行できます。

3 ツールバー

よく使用する機能がまとめてあります。アイコンボタンをクリックして、実行できます。カスタマイズすることで、自分がよく使う機能をアイコンとして追加することができます。右端には、現在の編集モードが表示されます。

4 モード切り替えボタン
文字入力や罫線のモードを切り替えます。花子をインストールすると、［花子透過編集］のボタンが現れます。

5 作業フェーズ変更ボタン
［基本編集］［エディタ］［アウトライン］などの作業フェーズを切り替えます。

6 コマンドバー
ボタンをクリックして、機能を実行できます。編集モードや作業フェーズによって表示されるアイコンが切り替わります。

7 インデントマーク
インデントが設定されている位置を示します。

8 横ルーラー
編集領域の左端からのカラム数を表します。単位を字数に変更できます。

9 ツールパレット
文書の作成や編集でよく使う機能や操作が、内容ごとにまとめられています。

10 ジャンプパレット
ページや見出し、検索を選択すると、目的の位置にジャンプします。

11 行間ライン
行と行の間に表示される線です。

12 縦ルーラー
編集領域の上端からの行数を表します。

13 スクロールバー
ドラッグすると、画面の表示領域が移動します。

14 シートタブスクロールボタン
シートタブの表示を左右に移動します。

15 シートタブ
ファイルに複数のシートがある場合、クリックして切り替えられます。

16 編集画面タイプ切替
［ドラフト編集］［イメージ編集］［印刷イメージ］といった編集画面タイプを切り替えます。

17 カーソル位置表示
カーソルのあるページ、行、文字位置が表示されます。

18 倍率表示
編集画面の表示倍率です。クリックすると、倍率を変更できます。

19 ズームコントロール
スライダーをドラッグしたり、■ ■ をクリックしたりすると、表示倍率を変更できます。

20 ファンクションキー表示切替
ファンクションキーに割り当てられた機能の表示／非表示を切り替えます。

21 ステータスバー
操作に関するメッセージや、利用可能なキーなどが表示されます。

2 一太郎2018の起動と終了

インストールが完了すると、いつでも一太郎2018を使うことができるようになります。まずはじめに、一太郎2018の起動と終了の方法を確認しておきましょう。

2-1 一太郎2018を起動する

一太郎2018のインストールが完了すると、スタートメニューやデスクトップのアイコンから起動できます。

一太郎2018を起動する

1 [スタート]ボタンをクリックします。

> **MEMO** Windows 10の場合の起動方法です。

2 [一太郎]をクリックして展開します。

3 [一太郎2018]を選択します。

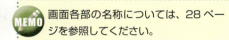

4 一太郎 2018 が起動するので、入力や編集の作業を開始します。

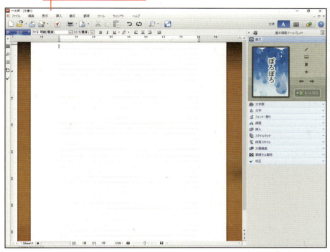

4 一太郎 2018 が起動

> **MEMO** 画面各部の名称については、28 ページを参照してください。

HINT そのほかの起動方法

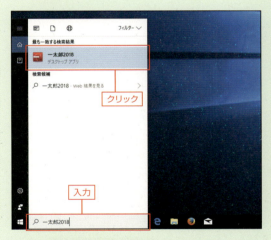

●アプリを検索して起動する
スタートメニューにある検索窓に「一太郎 2018」と入力すると、[一太郎 2018] が表示されるので、これをクリックします。

●[一太郎 2018] アイコンから起動する
インストールの完了後、デスクトップに表示される [一太郎 2018] アイコンをダブルクリックして起動する方法もあります。

●スタートメニューから起動する
Windows 7 以前では、[スタート] ボタンをクリックし、[すべてのプログラム－一太郎－一太郎 2018] を選択します。

2-2 一太郎2018を終了する

一太郎を終了します。終了の前には、必ず作成した文書を保存しておきましょう(33ページ参照)。保存していない場合は、確認のメッセージが表示されます。

一太郎2018を終了する

1 ウィンドウ右上の [閉じる]をクリックします。

2 文書を保存していない場合は、メッセージが表示されます。[はい]をクリックして、ファイルを保存します。

> **MEMO** [いいえ]をクリックした場合は、文書は保存されずに一太郎が終了します。

> **MEMO** メニューから[ファイル－一太郎の終了]を選択するか、ウィンドウ左上のアプリケーションアイコンをクリックして[閉じる]を選択しても一太郎を終了できます。

3 作成した文書をファイルとして保存する

一太郎2018で作成した文書は、ファイルとして保存しておきます。保存しておけば、いったん一太郎2018を終了しても、あとから続きの作業をしたり、修正したりできます。また、ファイルを人に渡して見てもらうこともできます。

3-1 ファイルを保存する

文書を作成したら、名前を付けて保存しておきます。文書の内容がわかるようなファイル名を付けておきましょう。いったん保存したら、それ以降は上書保存すれば更新されます。

名前を付けてファイルを保存する

1 ツールバーの  [名前を付けて保存] をクリックします。

> **MEMO** 保存時に、バックアップの設定に関する画面が表示される場合があります（34ページ参照）。

HINT 上書保存の実行

一度名前を付けて保存したら、以降は内容を変更するたびに上書保存を実行します。ツールバーの [上書保存] をクリックするほか、Ctrl + S のショートカットキーでも「上書保存」できます。[ファイル－上書保存] を選択する方法もあります。こまめに上書保存することで、停電など、万が一の事態でも、作成中のファイルを失うといったトラブルを避けることができます。
変更前のファイルも残しておきたい場合は、[名前を付けて保存] を実行して、別のファイル名を付けて保存します。

1-3 作成した文書をファイルとして保存する

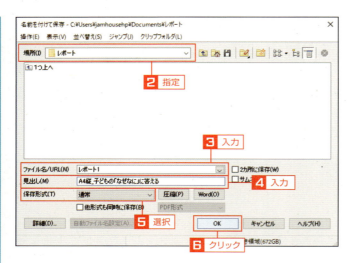

 [名前を付けて保存] ダイアログボックスが開くので、[場所] で保存先のフォルダーを指定します。

 [ファイル名/URL] に、ファイル名を入力します。

４ [見出し] には、ファイル名を補足する情報を入力します。省略してもかまいません。

５ [保存形式] で [通常] を選択すれば、一太郎の標準形式で保存できます。

６ OK をクリックすると、保存は完了です。

MEMO [他形式も同時に保存] のチェックをオンにすると、PDF形式など、一太郎以外の形式でも同時に保存することができます。

Column

複数世代のバックアップを管理

一太郎2018では、文書を閉じるたび、または保存するたびに複数世代のバックアップを保管できます。過去の状態を複数残しておけるので、いつでも簡単に戻りたい時点に戻ることができます。

[ファイル-バックアップ-設定] で、何回前までのバックアップを保存しておくかや、バックアップのタイミング、保存先などを設定できます。

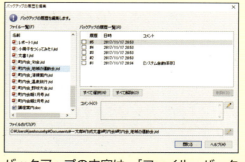

バックアップの内容は、[ファイル-バックアップ-バックアップの履歴から開く] で簡単に開くことができます。

3-2 保存したファイルを開く

保存したファイルは、開いて表示したり、続きの作業を行ったりすることができます。変更を加えた場合は、上書保存しましょう。

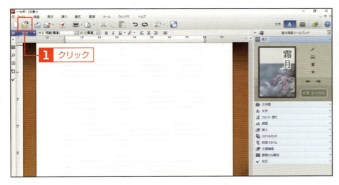

保存したファイルを開く

1. ツールバーの [開く] をクリックします。

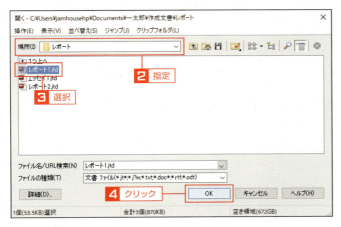

2. ［場所］にファイルを保存したフォルダーを指定します。

3. ファイルを選択します。

4. ［OK］をクリックします。

5. 選択したファイルが読み込まれるので、修正や変更の作業を行います。

1-3 作成した文書をファイルとして保存する

 ファイルの履歴から開く

ファイルを保存したり開いたりすると、[ファイル]メニューの右側に[履歴]が表示されるようになります。最近使ったファイルを開きたい場合は、ここから選択すると便利です。
不要な履歴が表示される場合は、削除しておけば、必要なものだけが表示されるようになり、わかりやすくなります。

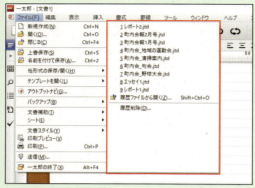

[ファイル]メニューの右側に履歴が表示されます。

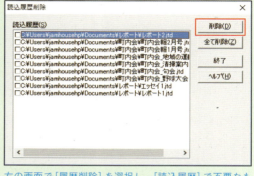

左の画面で[履歴削除]を選択し、[読込履歴]で不要なものにチェックを付けて[削除]をクリックすると不要な履歴を削除できます。

 「フォルダーツリー」を表示する

[開く]ダイアログボックスで [フォルダーツリー表示]をクリックすると、画面の左側にフォルダーの構成が表示されます。ここからフォルダーを選択すると、[場所]の移動がスムーズになります。[名前を付けて保存]のダイアログボックスでもフォルダーツリーを表示できます。

4 文字に色や飾りを付ける

入力した文字は、サイズや書体を変更したり、太字、斜体にしたり、色を付けたりといった、さまざまな書式を設定できます。設定した書式は、まとめて解除することもできるので、いくらでもトライできます。

4-1 文字サイズを変更する

文字の大きさは自由に変更できます。タイトルや見出しは大きくして目立つようにしたり、注釈や補足説明などは小さくしたりして、メリハリを付けましょう。

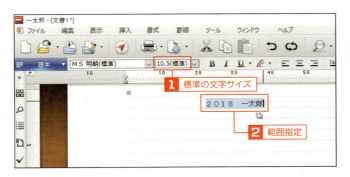

文字の大きさを変更する

1. 文字を入力すると、標準の文字サイズ［10.5］ポイントが設定されます。

2. 文字をドラッグして、サイズを変更したい範囲を指定します。

3. コマンドバーの［文字サイズポイント切替］の　をクリックし、文字サイズを選択します。

> **MEMO** マウスポインターを設定したいサイズの上に合わせると、画面上で変更後のイメージが確認できます。

4. 選択中の文字列の文字サイズが変更されました。

5. 編集画面上の何もないところをクリックして範囲指定を解除します。

4-2 書体を変更する

文字の書体には、明朝体やゴシック体など、さまざまな種類があります。書体を変えるだけで、文書の雰囲気も大きく変わります。また、見出しと本文など、内容に応じて書体を変えると効果的な場合もあります。

書体を変更する

1. 文字を入力すると、標準の書体［MS明朝］が設定されます。

2. 文字をドラッグして、書体を変更したい範囲を指定します。

3. ［フォント・飾り］パレットの F ［フォント］をクリックします。

4. フォントを選択します。これで書体が変更されます。編集画面の何もないところをクリックして選択範囲を解除しておきます。

> **MEMO** 書体は「和文－ゴシック体」や「和文－明朝体」など系統ごとにグループ化されています。指定したい書体のグループの ▼ をクリックして一覧を展開し、書体を選択してください。

 コマンドバーからの切り替え

コマンドバーの［和文・欧文フォント切替］から、フォントを選択する方法もあります。

※表示されるフォントはお使いの環境によって異なります。

お気に入りのフォントを利用する

よく使うフォント、気に入っているフォントをお気に入りとして登録できます。お気に入りだけを絞り込んで表示できるので、「フォントがなかなか探し出せない」「毎回同じフォントを選んでいくのが面倒」といった悩みを解消できます。

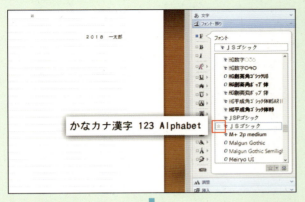

お気に入りに追加したいフォントにマウスポインターを合わせ、左側に表示される☆をクリックします。

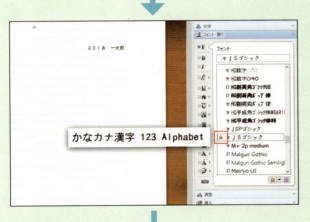

☆が黄色くなり、フォントがお気に入りに登録されます。

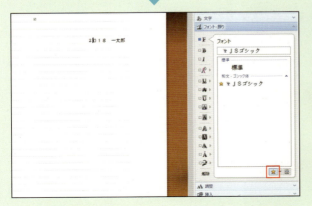

★[お気に入り]をクリックすると、お気に入りに登録したフォントだけに絞り込んで表示できます。

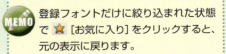

MEMO 登録フォントだけに絞り込まれた状態で ★[お気に入り]をクリックすると、元の表示に戻ります。

●よく使う飾りをストックして再利用するには→ 229 ページ

4-3 太字、斜体を設定する

タイトルや見出しの文字、あるいは文書中で強調したい文字は太字にすると目立たせることができます。また、文字を斜めに傾ける斜体も設定できます。いずれも、[フォント・飾り]パレットのアイコンをクリックするだけです。

文字に太字を設定する

1. 太字を設定したい文字をドラッグして範囲を指定します。

2. [フォント・飾り]パレットの B [太字]をクリックします。

3. 文字が太字になります。

文字に斜体を設定する

1. 範囲指定したままで、 I [斜体]をクリックします。

2. 文字が斜体になります。編集画面の何もないところをクリックして範囲指定を解除します。

フォント・飾りが設定されると、ボタンの左側の □ が ■ に変わります。

4-4 文字色を設定する

文字には色を付けることもできます。注意を引きたい文字は赤字にしたり、タイトルをカラフルに飾ったりしてみましょう。太字や斜体など、ほかの書式と組み合わせることもできます。

文字の色を変更する

1 文字をドラッグして、文字色を変更する範囲を指定します。

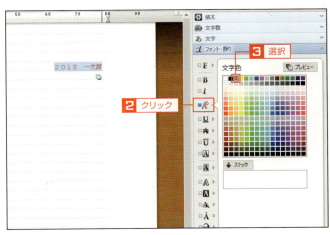

2 ［フォント・飾り］パレットの［文字色］をクリックします。

3 パレットから色を選択します。編集画面の何もないところをクリックして範囲指定を解除しておきます。

> **MEMO** 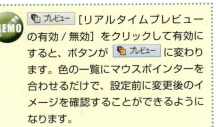 ［リアルタイムプレビューの有効／無効］をクリックして有効にすると、ボタンが プレビュー に変わります。色の一覧にマウスポインターを合わせるだけで、設定前に変更後のイメージを確認することができるようになります。

4-5 アンダーラインや取消ラインを引く

強調したい文字の下にアンダーラインを引いたり、文字の上にアッパーラインを引いたりできます。また、文字の中央に引く取消ラインも利用することができます。

アンダーラインを引く

1. 文字をドラッグして、アンダーラインを引く範囲を指定します。

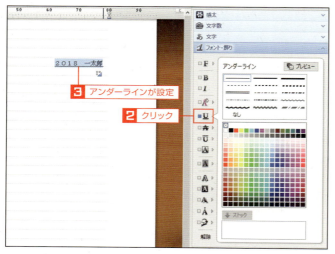

2. [フォント・飾り] パレットの [アンダーライン] をクリックします。

3. アンダーラインが設定されます。

> **MEMO** [フォント・飾り] パレットの [アッパーライン] で、アッパーラインが設定できます。

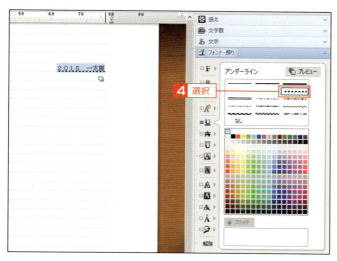

4. 線の種類を選択します。

> **MEMO** 文字色同様、[プレビュー][リアルタイムプレビューの有効/無効] を有効にすることで、設定前にイメージを確認できます。

5 パレットから色を選択します。設定が完了したら、編集画面の何もないところをクリックして範囲指定を解除しておきます。

取消ラインを引く

1 文字列を範囲指定し、［フォント・飾り］パレットの ▫𠀋 ［取消ライン］をクリックします。

2 文字に重ねてラインが引かれます。

● よく使う飾りを登録して利用するには→ 229 ページ

HINT 設定した文字飾りをまとめて解除する

複数の文字飾りを設定している場合、範囲指定して 解除 をクリックすると、まとめて解除できます。また、文字列を範囲指定し、［文字色］や［太字］などのボタンをクリックして ■ を ▫ にすると、設定済みの文字飾りを個別に解除することができます。

043

文字囲や塗りつぶしなども同様の操作で設定できる

そのほかにも文字囲や塗りつぶし、中抜き、反転など、さまざまな文字飾りを利用できます。これらを利用することで、文書を見やすく整えたり、見栄え良くデザインしたりできます。

1 文字囲

囲み線の種類と色が設定できます。

2 塗りつぶし

塗りつぶしのパターンと色が設定できます。

3 中抜き

文字の色が設定できます。

4 反転

背景色が設定できます。

5 影文字

影の色が設定できます。

6 傍点

傍点の種類が設定できます。

7 回転

回転の角度が設定できます。

5 書式を微調整する

見出しの文字をもう少し大きくしたい、字間や行間をちょっと広くしたいなど、書式を微調整したいことがあります。[調整] パレットを利用すれば、簡単に調整することができます。

5-1 文字サイズを調整する

文字サイズは、ポイント数で指定することもできますが（37ページ参照）、少しずつ大小を微調整したいときには、[調整] パレットの [サイズ] のアイコンを使うと便利です。

文字サイズを大きくする

1 文字列を範囲指定して [調整] パレットを開きます。

2 [調整] パレットの [文字サイズ大きく] をクリックすると、文字サイズが1ポイント大きくなります。アイコンをクリックするたびに、1ポイントずつ文字サイズが大きくなります。

文字サイズを小さくする

1 [文字サイズ小さく] をクリックすると、1ポイントずつ文字サイズが小さくなります。

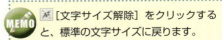

MEMO [文字サイズ解除] をクリックすると、標準の文字サイズに戻ります。

5-2 文字を揃える位置を調整する

文字は通常左寄せで入力されます。タイトルは行の中央に入れたい、日付や署名などは行の右端に入れたいなどのときは、文字揃えを設定します。

文字揃えを設定する

1 文字揃えを設定したい行にカーソルを置きます。

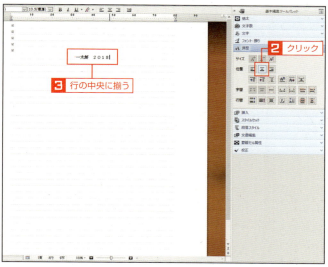

2 [調整] パレットを開き、[センタリング] をクリックします。

3 文字が行の中央に揃います。

4 [調整]パレットの ≡[右寄せ]をクリックします。

5 文字が行の右に揃います。

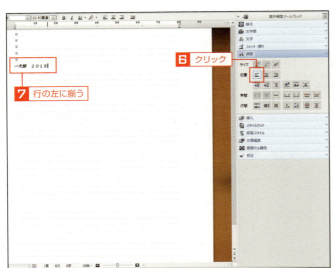

6 [調整]パレットの ≡[左寄せ]をクリックします。

7 最初の左寄せの状態に戻ります。

HINT コマンドバーを利用して文字寄せを設定する

左寄せ、センタリング、右寄せは、コマンドバーからも実行できます。文字揃えを設定したい行にカーソルを置き、コマンドバーのボタンをクリックすると設定できます。

第1章 基本操作編 一太郎2018の基本操作

047

行頭位置の移動や上下の移動

位置の調整では、行頭位置を少しずつ字下げする「インデント」や、文字を揃える「ベースライン」を上下に動かす設定もあります。

インデント

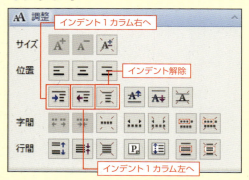

[インデント1カラム右へ]をクリックすると、行頭が半角1文字分右に移動します。クリックするごとに半角1文字分ずつ右へ移動できます。 [インデント1カラム左へ]で少しずつ左に、 [インデント解除]で解除できます。

ベースライン

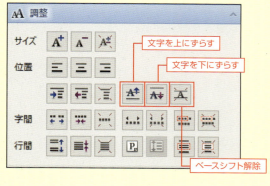

[文字を上にずらす]をクリックすると、文字を揃えるベースラインから少し上に移動します。クリックするごとに少しずつ上に移動できます。 [文字を下にずらす]で少しずつ下に、 [ベースシフト解除]で解除できます。

5-3 字間や行間を調整する

文字の読みやすさは、字間や行間も大切です。これらを調整することで、行からあふれる数文字を行内に収めたり、ページからあふれる数行をページ内に収めたりできます。編集画面上で確認しながら微調整しましょう。

字間を広げる

1. 文字をドラッグして、字間を広げたい範囲を指定します。

2. [調整] パレットの [字間広く] をクリックします。

3. 字間が広がります。クリックするたびに少しずつ広がっていきます。

字間をせまくする

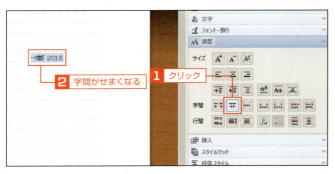

1. [調整] パレットの [字間せまく] をクリックします。

2. 字間が少しずつせまくなります。繰り返しクリックすることで、さらにせまくすることができます。

1-5 書式を微調整する

行間を広げる

1. 行間を調整したい行の範囲を指定します。

2. [調整] パレットの [改行幅広く] をクリックします。

3. 行間が少し広がります。クリックするごとに、さらに行間を広げることができます。

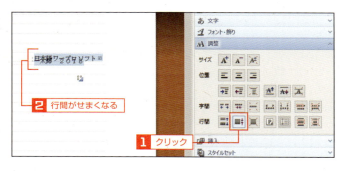

行間をせまくする

1. [調整] パレットの [改行幅せまく] をクリックします。

2. 行間が少しせまくなります。クリックするごとに、さらにせまくすることができます。

 [均等割付] で字間を調整する

文字を割り付ける範囲を指定して、その範囲に文字を均等に配置する「均等割付」や、指定した範囲の行間を調整して1ページ内に収める方法もあります。いずれも [調整] パレットで操作が可能です。

写真やイラストを挿入する

一太郎の文書には、絵や写真を挿入することもできます。スマートフォンなどで撮影した写真のほか、あらかじめ一太郎に収録されている素材を利用することもできます。また、ワンポイントとして利用できる「部品」も用意されています。

6-1 自分で撮った写真を挿入する

文字だけの文書に比べ、絵や写真の入った文書は見栄えが良くなります。写真入りの旅行記やイラストの入ったチラシも簡単に作成できます。ここでは、手持ちの写真を挿入する方法を確認しておきましょう。

写真を挿入する

1. 写真を挿入したい位置にカーソルを置きます。

2. ［挿入］パレットを開き、 絵や写真 ［絵や写真の挿入］をクリックします。

3. ［絵や写真］ダイアログボックスのタブから、 ［フォルダーから］を選択します。

4. 左側で、写真を保存しているフォルダーを指定します。

5. 右側で、挿入したい写真を選択します。

6. 画像枠で挿入 をクリックします。

1-6 写真やイラストを挿入する

写真のデータサイズを縮小する

1. 文書に写真が挿入されます。

2. バルーンの表示を確認したら、 データサイズを縮小... をクリックします。

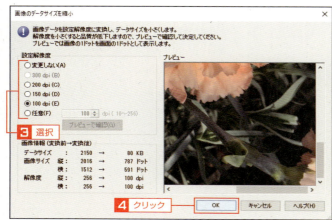

3. [設定解像度] で解像度を選択します。

4. OK をクリックします。

> **MEMO** 高画質の写真は、そのまま貼り付けると、一太郎文書のデータサイズが大きくなってしまいます。貼り付けた際には、データサイズを縮小しておきましょう。なお、小さくすることで画質が低下したと感じた場合は、貼り付け直し、[設定解像度] を選び直してみましょう。ツールバーの [取り消し] で、操作前の状態に戻すこともできます。

5. 写真のデータサイズが変更されました。周囲の■をドラッグしてサイズを調整したり、写真をドラッグして位置を調整したりします。

6. 編集画面の何もないところをクリックして、選択状態を解除します。

HINT 写真をまとめてレイアウトする

[挿入] パレットの [まとめて] [写真をまとめてレイアウト] をクリックすれば、複数の写真をレイアウトパターンに沿って一度にまとめて挿入することができます（225ページ参照）。

6-2 収録されている写真やイラストを挿入する

一太郎には、たくさんのイラストや写真が収録されています。これらを利用すれば、手元にデジカメ写真がなくても見栄えの良い文書が作成できます。ここでは、写真を挿入してみましょう。イラストは、一太郎に収録されている写真と同じ手順で挿入できます。

写真を挿入する

1. 写真を挿入したい位置にカーソルを置きます。

2. [挿入]パレットを開き、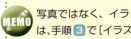[絵や写真の挿入]をクリックします。

3. [絵や写真]ダイアログボックスのタブから、使用したい素材の種類を選択します。ここでは[写真]タブを選択しています。

4. 写真の分類を選択します。

5. 挿入したい写真を選択します。

6. をクリックします。

> **MEMO** 写真ではなく、イラストを挿入したい場合は、手順3で[イラスト]タブを選択します。

HINT 挿入した写真に番号や説明文を付ける

挿入した写真をクリックして選択すると、右側に[枠操作]ツールパレットが表示されます。ここから画像枠の操作や枠飾りの設定などが行えます。[画像枠の操作]パレットでは、写真に「番号」や「説明文」を付けることもできます。この機能で付けた番号や説明文は、写真を移動すると一緒に移動します。

6-3 部品を挿入する

一太郎には、ワンポイントとなるイラストが「部品」として用意されています。部品を挿入することで、文書を楽しく飾ることができます。部品はキーワードを利用して検索することもできます。

部品を挿入する

1. [挿入]パレットを開き、[部品呼び出し]をクリックします。

2. [部品呼び出し]ダイアログボックスが開きます。

3. [キーワードで部品を検索]にキーワードを入力します。

4. [検索実行(E)]をクリックします。

5. 検索結果が一覧に表示されます。

6. 挿入したい部品をクリックします。

7. 部品が挿入されます。部品をドラッグすることで移動、四隅の■をドラッグすることでサイズの調整ができます。

> **MEMO** サイズを調整する際、[Shift]キーを押しながらドラッグすると、縦横の比率を保ったまま拡大縮小できます。

> **MEMO** 編集画面の何もないところをクリックすると、選択状態が解除されます。

7 文書全体のスタイルを設定する

作成する用紙のサイズ、縦向きにするか横向きにするか、余白をどのくらいにするかといった、文書の基本となる書式は「文書スタイル」でまとめて設定します。文書スタイルは、最初に設定しておくと、完成イメージを確認しながら文書を作成できます。あとから設定を変更することもできます。

7-1 文書全体のスタイルを設定する

文書スタイルを設定します。用紙のサイズや向き、余白の設定により、1行の文字数や1ページの行数に設定可能な数値が変化します。

文書スタイルを設定する

1. ツールバーの [用紙や字数行数の設定（文書スタイル）]をクリックします。

2. 初期設定されている文書スタイルの内容を確認できます。

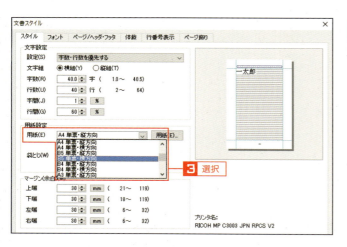

3 [用紙]で用紙のサイズや方向を選択します。

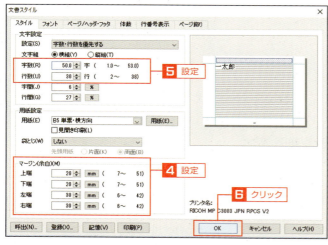

4 [マージン（余白）]で上下左右の余白サイズを設定します。

5 [字数]や[行数]で1行の文字数や1ページの行数を設定します。

6 OK をクリックします。

> **MEMO** [字数][行数]に設定できる数値はマージンの値により変化します。

HINT 文書スタイルでフォントを設定する

標準のフォントは［文書スタイル］ダイアログボックスの［フォント］シートで設定します。初期設定では「MS明朝」が選択されています。漢字のフォントは［和文フォント］で、半角のアルファベットは［欧文フォント］で選択できます。そのほか、［かなフォント］では、ひらがな・カタカナに設定するフォントを、［和文フォント］とは別に選ぶことができます。和文フォントとかなフォントは連動していないので、和文フォントを変更した際には、かなフォントも確認するようにしましょう。
また、［数字フォント］も和文と欧文を選ぶことができます。

※表示されるフォントはお使いの環境によって異なります。

7 用紙に文書スタイルの内容が反映されます。

 文書スタイルでは、このほか、文字サイズやページ番号についても設定することができます。

HINT よく利用する文書スタイルを登録する

よく利用する文書スタイルがある場合は、[文書スタイル] ダイアログボックスの [登録] をクリックし、名前を付けて登録しておきましょう。[呼出] をクリックすればいつでも呼び出せるので、毎回文書スタイルを設定する手間を省けます。

また、初期設定されている内容を変更したい場合は、[記憶] をクリックします。現在設定されている文書スタイルが記憶され、以降、新しく作る文書から、そのスタイルが初期設定となります。

HINT 「きまるスタイル」で文書内容に合った文書スタイルを選ぶ

「きまるスタイル」を利用すると、作成する文書の内容や用紙サイズにあった最適なレイアウトを一発で設定することができます。

[きまるスタイル] を利用するには、ツールバーの [用紙や字数行数の設定（文書スタイル）] の右にある [▼] をクリックし、[きまるスタイル] を選択します。

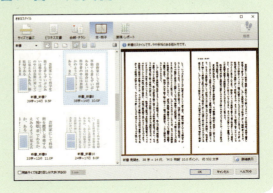

8 コピーや取り消しなど編集操作の基本

文字列をコピーしたり貼り付けたり、操作を取り消したりするときの操作を覚えておきましょう。繰り返して何度も入力する手間が省けたり、失敗した操作をすぐにやり直したりでき、効率的な文書作成に役立ちます。

8-1 コピー、切り取り、貼り付けを実行する

同じ文字列を別の場所でも利用したいときは、コピーして貼り付けましょう。また、入力済みの文字列を別の場所に移動したい場合は、切り取って貼り付けます。

コピーして貼り付ける

1 コピーしたい文字列を範囲指定し、ツールバーの ▭ ［コピー（範囲先指定）］をクリックします。

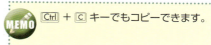

Ctrl + C キーでもコピーできます。

2 文字列を貼り付けたい位置にカーソルを移動し、ツールバーの ▭ ［貼り付け］をクリックします。

3 カーソル位置に文字列が貼り付けられます。

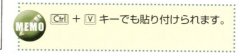

Ctrl + V キーでも貼り付けられます。

切り取って貼り付ける

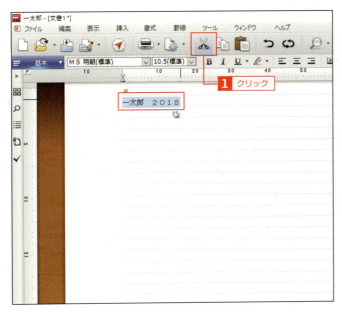

1. 文字列を範囲指定し、ツールバーの [切り取り（範囲先指定）] をクリックします。

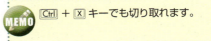

Ctrl + X キーでも切り取れます。

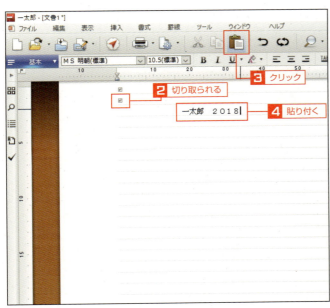

2. 範囲指定していた文字列が切り取られます。

3. 文字列を貼り付けたい位置にカーソルを移動し、ツールバーの [貼り付け] をクリックします。

4. 文字列が貼り付けられます。

> コピー、または切り取ったデータは、パソコンの「クリップボード」に保存されます。続けて貼り付けを行うことで、同じ文字列を何度も繰り返して貼り付けることができます。なお、クリップボードには、最新のデータ1つだけしか保存できません。別の文字列をコピーしたり切り取りした場合には、新しい文字列が保存され、前の文字列は削除されます。

8-2 操作の繰り返しと取り消しを行う

何度も同じ操作を繰り返す場合には、そのたびにコマンドを実行せずに、「繰り返し」を利用しましょう。また、間違った操作をしてしまった場合には、操作を取り消すことができます。取り消しは、実行するたびに操作をさかのぼって順に取り消すことができます。

操作を繰り返す

1 文字列をセンタリングしました。

2 別のセンタリングをしたい行にカーソルを置いて、[Ctrl] + [R] キーを押します。

3 センタリングの設定が繰り返されます。

操作を取り消す

1. 文字色を設定しました。

2. この操作を取り消したいときには、ツールバーの ⟲ [取り消し] をクリックします。

3. 文字色の設定が取り消されました。

4. 取り消したものの、やはり元に戻したいという場合はツールバーの ⟳ [取り消しを戻す] をクリックします。

5. 取り消し操作が取り消されて、文字色が赤に戻りました。

> **MEMO** コマンドによっては、取り消せない場合があります。

●取り消し回数を設定するには
→ 244 ページ

9 文書を印刷する

作成した文書を印刷しましょう。印刷の際には、部数を指定できるほか、拡大印刷や縮小印刷、1枚の用紙に複数ページを印刷するレイアウト印刷など、特殊な印刷も実行できます。

9-1 通常の印刷を行う

部数などを指定して印刷を実行します。印刷する前には、「印刷プレビュー」であらかじめどのように印刷されるかのイメージを確認すると、印刷のミスを防ぐことができます。

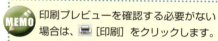

文書を印刷する

1 文書が完成したら、ツールバーの [印刷] の右側の [▼] をクリックし、[印刷プレビュー] を選択します。

> **MEMO** 印刷プレビューを確認する必要がない場合は、 [印刷] をクリックします。

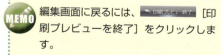

2 プレビューが表示されるので、印刷イメージを確認します。

3 [印刷] をクリックします。

> **MEMO** 編集画面に戻るには、 [印刷プレビュー終了] をクリックします。

4 [印刷] ダイアログボックスが開きます。

5 [部数] で印刷する部数を指定します。

6 OK をクリックすると、印刷がスタートします。

HINT 範囲を指定して印刷する

複数ページの文書の、連続したページだけを印刷したい場合は、[ページ] で印刷したいページの範囲を指定します。任意のページを印刷したい場合は、[ページ] の入力スペースに、カンマで区切ったページや、ハイフンでつないだページを入力します。

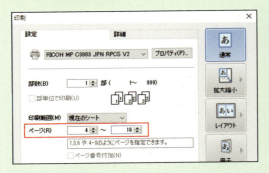

●連続したページだけを印刷する
開始ページと終了ページを指定します。

●任意のページを印刷する
飛び飛びのページはカンマで区切り、連続したページはハイフンでつなぎます。

特殊印刷を行う

大きな用紙に拡大して印刷したり、1枚の用紙に複数ページを配置して印刷したりすることもできます。さらに、複数枚の紙を貼り合わせて、大きなポスターを作ることができる「ポスター印刷」機能もあります。こうした特殊な印刷は、各種印刷方法をクリックして展開することで設定します。

1枚の用紙に複数ページを割り付けて印刷する（レイアウト印刷）

［レイアウト］を選択し、レイアウト数の ▼ をクリックして、1枚に配置したいページ数を設定します。

拡大縮小印刷する

［拡大縮小］を選択し、［出力用紙］で印刷したい用紙のサイズと方向を指定します。［任意倍率］を選択して倍率を指定することもできます。

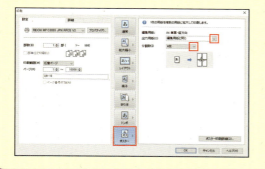

拡大して複数の用紙に分割して印刷する（ポスター印刷）

［ポスター］を選択し、［出力用紙］と［分割数］を指定します。

基 本 操 作 編

ATOKの基本操作

一太郎 2018 には、日本語入力システムとして「ATOK for Windows 一太郎 2018 Limited」が標準搭載されています。本章では ATOK による日本語入力の基本操作と便利な機能を説明します。

1 ATOKの基本操作

ATOK for Windows 一太郎2018 Limited（以下、ATOK）を使って日本語を入力するには、ATOKのオン/オフや読みの入力・変換など、基本的な機能・操作を覚える必要があります。ここでは、日本語を入力・変換するために、ぜひ知っておきたい機能・操作を説明します。

1-1 ATOKのオン/オフを切り替える

ATOKで日本語を入力するときは、ATOKをオンにする必要があります。ここでは、Windows 10でATOKをオンにする操作を説明します。なお、一太郎を起動するとATOKは自動的にオンになります。

ATOKのオン/オフを切り替える

1 タスクバーの をクリックします。または 半角/全角 キーを押します。

2 ATOKがオンになり、表示が あ に切り替わります。もう一度クリックするか、半角/全角 キーを押すとオフになります。

MEMO ATOK標準のキー操作でお使いの場合は、日本語入力がオフのときに 変換 キーを押すだけで、日本語入力がオンになります。キーボードのホームポジションから手を離さなくてよいので、スムーズに操作することができます。

HINT 日本語入力システムをATOKに切り替える

日本語入力システムがATOK以外になっている場合は、画面右下にある日付と時刻の表示の左側にある日本語入力システムのアイコンをクリックしてメニューを開き、［ATOK for 一太郎 2018］を選択してください。なお、Windows + スペース キーを押すと、インストールされている日本語入力システムを順番に切り替えることができます。

1-2 ローマ字入力/カナ入力を切り替える

ATOKでは、読みの入力方法に「ローマ字入力」と「カナ」入力があります。初期設定は「ローマ字入力」が設定されているので、カナ入力で読みを入力する場合は、最初に設定を変更してください。ローマ字入力の方は、設定を変更する必要はありません。

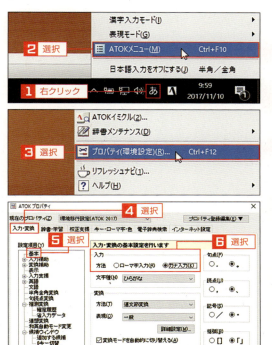

ローマ字入力/カナ入力を切り替える

1. 通知領域の または を右クリックします。

2. [ATOKメニュー]を選択します。

3. [プロパティ（環境設定）]を選択します。

4. [ATOKプロパティ]ダイアログボックスが表示されたら、[入力・変換]タブを選択します。

5. [設定項目]で[基本]を選択します。

6. [入力]の[方法]で[ローマ字入力]または[カナ入力]を選択します。

7. OK をクリックします。

HINT 一太郎から設定する

一太郎2018のメニューで[ツール－入力設定－入力モード設定]を選択しても、ローマ字/カナ入力を設定する[ATOKプロパティ]ダイアログボックスが表示されます。

HINT ローマ字入力/カナ入力を一時的に切り替える

ATOKがオンのとき、通知領域の あ を右クリックしてメニューを開き、[漢字入力モード]を選択すれば、ローマ字入力/カナ入力を切り替えられます。ただし、この設定は一時的なものなので、アプリケーションを切り替えたり、新しいアプリケーションを起動したりした場合は、もとの入力方法になります。

1-3 読みを入力して変換する

漢字仮名交じり文を入力するには、ローマ字入力またはカナ入力で読みを入力したあと、□ キーを押して変換します。正しく変換されたら、Enter キーを押して確定します。ここでは、この一連の操作を説明します。

読みを入力して漢字仮名交じり文に変換する

1 ATOK がオンになっていることを確認します。オンになっていない場合はオンに切り替えてください（66 ページ参照）。

2 読みを入力します。

MEMO 読みはローマ字入力またはカナ入力で入力します。

3 □ キーを押して漢字仮名交じり文に変換します。

MEMO 変換結果は ATOK の学習状態によって異なる場合があります。

4 正しく変換されたら Enter キーを押して確定します。

MEMO 正しく変換されなかった場合は、次ページを参照してください。

HINT 読みの入力→変換→確定

読みを入力したあと □ キーで変換し、変換結果が正しければ Enter キーを押して、それ以上変換されないように固定します。この操作を「確定」と呼びます。このように、「読みの入力」→「変換」→「確定」を繰り返すのが、ATOK による日本語入力の基本操作です。

HINT ひらがなはそのまま Enter キーで確定

ひらがなを入力する場合は、読みを入力したあと、Enter キーを押せばすぐに確定されます。

HINT 入力ミスは Esc キーで取り消し

読みの入力中または変換中に入力ミスに気づいた場合は、Esc キーを押せば、すべての入力を取り消して、最初から入力し直すことができます。

HINT 入力中に文字が表示される？

ATOK の初期設定では、読みを入力していると、自動的に文字が表示されます。これは、ATOK が推測した「推測候補」です（76 ページ参照）。なお、本章では、日本語入力の基本操作を説明するため、必要な場合以外は推測候補を表示しない設定で説明しています。

HINT 入力中にバーが表示される？

ATOK の初期設定では、入力中に画面のようなバーが表示されることがあります。このバーを使うと、ATOK の設定を変更したり、メニューを表示したりできます。バーが不要の場合は、右クリックして［表示しない］を選択してください。なお、本章ではバーを非表示にして説明しています。

1-4 目的の変換候補を選択して入力する

日本語には、読みが同じで意味の異なる言葉がたくさんあります。このため、ATOKでも一度の操作では正しく変換できない場合があります。その場合は、正しい候補を自分で選択して入力してください。ここでは、「完勝する」と入力する例を説明します。

正しい候補を選択する

1 「かんしょうする」と読みを入力します。

2 □キーを押すと「鑑賞する」に変換されます。

3 もう一度□キーを押すと、候補ウィンドウが開いて次の候補が選択されます。

> **MEMO** 表示される候補の順番は、ATOKの学習状態によって変わります。

 少し長めに入力すると正しく変換できる

ATOKは、入力された読みの意味を判断して変換します。このため、その他の文節も含めて少し長めの読みを入力すれば、正しく変換できる確率が高まります。

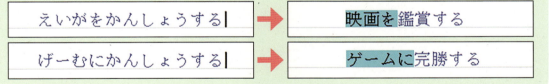

 同音語の意味を確認する

ATOKで変換していると、候補ウィンドウの右側にウィンドウが表示されることがあります。このウィンドウは、変換した言葉に同音語があったり、その言葉の情報が電子辞典に掲載されているときに表示されます。同音語の意味・使い方を確認したり、言葉の意味をその場で調べることができます。なお、タブが複数ある場合は End キーで切り替えることができ、Shift + End キーでウィンドウを閉じることができます。

4 ☐キーを押すと1つ下の候補、↑キーを押すと1つ上の候補を選択できます。このキー操作で目的の候補を選択します。

5 Enterキーを押して、選択した候補を確定します。

HINT 文字を拡大表示する

候補の文字が小さくて見づらい場合は、候補ウィンドウ右下にある🔍ボタンをクリックして拡大率を選ぶと、拡大表示できます。もとのサイズに戻すには、🔍ボタンをクリックして[100％]を選択します。

HINT 一度に表示される候補の数を増やす

候補ウィンドウには、最大で9個の候補が表示されます。Ctrl+☐キーを押すと、候補ウィンドウが拡大し、一度に35個の候補を表示できます。この状態では、上下左右のカーソルキーで候補を選択できます。

1-5 文節を区切り直して正しく変換する

ATOKは入力された読みを文節に分解し、各文節の関係を判断して適切に変換します。このため、文節の分け方を間違ってしまうと正しく変換できません。たとえば、「このお菓子生ものなので注意してください」と入力しようとして、「このおかしな魔物なので注意してください」に変換されるような場合です。このような場合は、文節の区切り方を修正すれば、正しく変換し直すことができます。

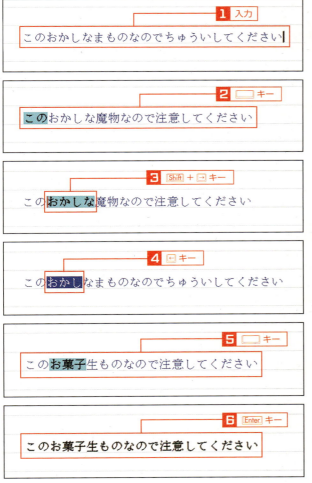

文節を区切り直して変換し直す

1. 「このおかしなまものなのでちゅういしてください」と読みを入力します。

2. ☐ キーを押すと「このおかしな魔物なので注意してください」に変換されます。これは、「この / おかしな / まものなので / ちゅういして / ください」と文節が区切られたからです。

3. [Shift]+[→] キーを1回押して、注目文節を「おかしな」に移動します。

4. [←] キーを1回押して、「この / おかし / なまものなので / ちゅういして / ください」に修正します。

5. ☐ キーを押すと、「このお菓子生ものなので注意してください」に変換されます。

6. [Enter] キーで確定します。

HINT 注目文節の移動と文節の修正

本文の例では、「注目文節の移動」と「区切り修正」の2つの作業を行っています。注目文節とは、現在、変換の対象になっている文節のことです。変換中は水色で表示されます。注目文節の移動と区切りの修正は、以下のキー操作で行います。
① 注目文節の移動　　[Shift]+[←]/[→] キー
② 文節の区切りを修正　[←]/[→] キー

1-6 カタカナを入力する

「アメリカ」「オフィス」「ベースボール」など、一般的なカタカナ語は、読みを入力して ☐ キーを押す通常の操作で変換できます。ただし、人名・地名や会社名などのカタカナの固有名詞の場合は、正しく変換できないことがあります。その場合は F7 キーでカタカナに変換します。

カタカナを入力する

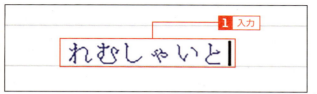

1 ドイツの都市である「れむしゃいと」の読みを入力します。

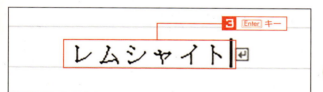

2 F7 キーを押してカタカナに変換します。

3 Enter キーで確定します。

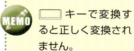

 ☐ キーで変換すると正しく変換されません。

 確定したカタカナは学習されて、次回からは ☐ キーで変換できるようになります。

HINT 正しく変換されなかった言葉を読みに戻す

☐ キーを押したときに正しく変換されなかった場合は、Enter キーで確定する前に Back Space キーを押せば読みに戻せます。そのあとで F7 キーを押せば、カタカナに変換できます。

HINT 半角カタカナは F8 キー

半角カタカナを入力する場合は、読みを入力したあと F8 キーを押してください。

1-7 アルファベット（英字）を入力する

ATOKには、日本語入力中に英文字（アルファベット）を入力できる「英語入力モード」という機能が用意されています。ここでは、この機能を使って「彼はShurikenユーザーです」と入力する操作を説明します。

英字を入力する

① 「かれは」と入力します。

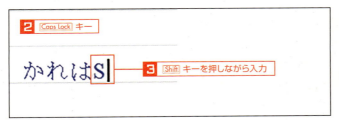

② [Caps Lock]キーを押して英語入力モードに切り替えます。

③ [Shift]キーを押しながら[S]キーを押して半角大文字の「S」を入力します。入力したら[Shift]キーから指を離します。

④ 続けて「huriken」と入力します。

⑤ [Caps Lock]キーを押して英語入力モードを解除します。

⑥ 「ゆーざーです」と入力します。

そのほかの英字の入力方法

[半角/全角]キーでATOKをオフにしても、半角英字を入力できます。また、ATOKがオンのときに、[変換]キーを押しても、半角英字を入力できます。[変換]キーを押すと通知領域の表示が[半]に変化します。もう一度[変換]キーを押すと[あ]に戻ります。

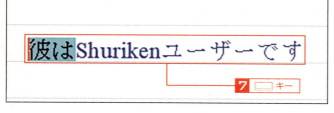

7 ☐ キーを押して「彼は Shuriken ユーザーです」に変換します。

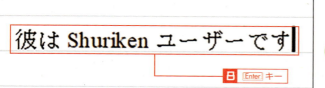

8 [Enter] キーで確定します。

> **MEMO** ATOK の学習状態によっては、英語が全角で入力される場合もあります。

HINT [F10] キーで英字に変換する

ローマ字入力の場合、英語入力モードに切り替えなくても、次のように [F10] キーで英字に変換することができます。

ぶい１ぢんｇ	building

[B][U][I][L][D][I][N][G] の順番にキーを押します。すると、画面には「ぶい１ぢんｇ」と表示されます。

[F10] キーで「building」に変換します。続けて [F10] キーを押せば「Building」や「BUILDING」にも変換できます。

1-8 タッチキーボードで入力する

タッチ対応のパソコンでは、タッチキーボードを使って日本語を入力できます。読みの入力・変換・確定の操作は物理キーボードと共通です。

タッチキーボードで入力する

1. 通知領域の［タッチキーボード］ボタンをタップしてタッチキーボードを起動します。なお、入力が必要な場合には、タッチキーボードが自動的に起動する場合もあります。

2. 各キーをタップして読みを入力します。読みの入力はローマ字入力で行います。

3. ⎵ キーをタップして変換します。

4. Enter キーをタップして確定します。なお、推測候補をタップすれば、その候補をすぐに確定することもできます。

5. 入力が終わったら、右上の ［×］ボタンをタップしてタッチキーボードを閉じます。

 推測候補から選択する

タッチキーボードでは、スマートフォンでの入力と同様に、文字を入力すると次の候補が推測されて、次々と表示されます。入力したい候補がある場合は、目的の推測候補をタップすると素早く入力できます。

 タッチキーボードのボタンが表示されていないときは？

［タッチキーボード］ボタンが表示されていない場合は、タスクバーを右クリックし、メニューの［タッチキーボードボタンを表示］を選択すれば表示されます。

2 活用したい！ ATOKの便利な機能

ATOKには、文章を正しく入力・変換するために、さまざまな機能が用意されています。たとえば、変換中の言葉の意味を調べたり、日本語から英語に変換したりすることも可能です。こうした機能を適切に活用することで、正確な文章を効率的に入力できるようになります。

2-1 推測変換を利用して効率的に文章を入力する

ATOKは、入力された数文字の読みから、ユーザーが入力しようとしている言葉を推測して提示してくれます。その推測が正しい場合は、読みをすべて入力しなくても、素早く効率的に文章を入力することができます。

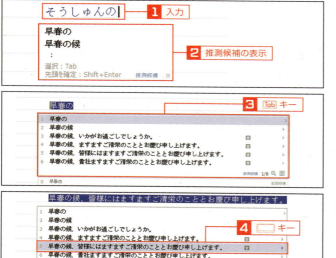

推測候補を入力する

1. 読みを入力します。ここでは「そうしゅんの」と入力します。

2. 「そうしゅんの」で始まる言葉が推測候補として表示されます。

3. [Tab]キーを押して、推測候補のウィンドウに切り替えます。

4. [ ]キーを押して入力したい候補を選択します。上の候補を選択するには[↑]キーを押します。

5. [Enter]キーで確定します。

HINT 入力したい推測候補が先頭に表示された場合は

読みの入力中に、入力したい候補が推測候補の先頭に表示された場合は、[Shift]+[Enter]キーですぐに確定できます。

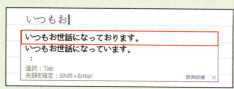 

2-2 入力したカタカナ語/日本語を英語に変換して入力する

ATOKには、「もーつぁると」→「Mozart」のように、カタカナ語を英単語に変換する機能が用意されています。また、「しんかんせん」→「bullet train」のように日本語を英単語に翻訳する機能も用意されています。こうした機能を積極的に利用すれば、英単語を正確かつ効率的に入力できます。

カタカナ語を英語に変換する

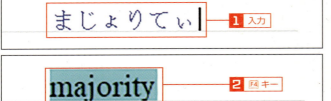

1. 「まじょりてぃ」と読みを入力します。

2. F4 キーを押すと「majority」に変換されます。

3. もう一度 F4 キーを押すと候補ウィンドウが表示されて、「Majority」「MAJORITY」なども選択できます。

4. Enter キーで確定します。

HINT 顔文字や記号を入力する

「かお」「ごめん」などの読みを入力して F4 キーを押すと、顔文字に変換できます。また、「おんぷ」「きんし」などの読みを入力して F4 キーを押し、対応する記号に変換することもできます。なお、変換中に「環境依存文字」と表示される記号は、特定の環境では正しく表示されない場合があるので注意してください。

「ごめん」と入力して F4 キーで変換しました。

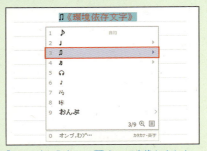

「おんぷ」と入力して F4 キーで変換しました。

日本語を英語に変換する

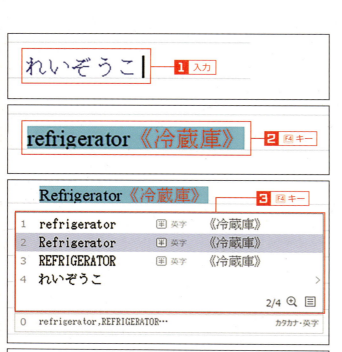

❶ 「れいぞうこ」と読みを入力します。

❷ F4 キーを押すと「refrigerator」に変換されます。

❸ もう一度 F4 キーを押すと候補ウィンドウが表示されて、「Refrigerator」「REFRIGERATOR」なども選択できます。

❹ Enter キーで確定します。

HINT □ キーでも変換できる

カタカナ語や日本語から英単語への変換、読みから顔文字や記号に変換する機能は、□ キーによる通常の操作でも利用できます。候補ウィンドウに表示されるので、通常の操作で選択してください。なお、最初から英単語や顔文字を入力するなら、F4 キーを使ったほうがスピーディーです。

2-3 電子辞典で言葉の意味を確認する

ATOK の電子辞典を利用すると、変換中の言葉の意味を素早く調べることができます。ここでは、一太郎 2018 プレミアム / スーパープレミアムに付属する「広辞苑 第七版 for ATOK」を利用する操作例を説明します。

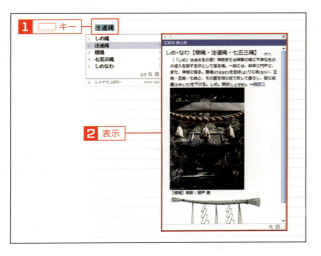

入力中の言葉の意味を調べる

1 読みを入力して ☐ キーで変換し、候補ウィンドウを開きます。

2 調べたい言葉を選択して少し待つと、情報を表示するウィンドウが開きます。

HINT 電子辞典を利用するにあたって

●候補ウィンドウに表示される記号の意味

候補の右横には、次の 3 種類の記号が表示されます。

同音語の情報があることを示します。

電子辞典の情報があることを示します。

同音語と電子辞典の両方の情報があることを示します。

●電子辞典のタブを切り替える

情報を表示するウィンドウに複数のタブがある場合は、[End] キーを押してタブを順番に切り替えることができます（MS-IME の場合は [Ctrl] + [End] キー）。

●変換した言葉をすぐに調べる

☐ キーを 1 回押して正しく変換された場合は、続けて [End] キーを押すことで、すぐに情報表示のウィンドウを開くことができます。

●広辞苑の最新版「広辞苑 第七版 for ATOK」を搭載

一太郎 2018 プレミアム / スーパープレミアムは、電子辞典として「広辞苑 第七版 for ATOK」を搭載しています。広辞苑は 1955 年に岩波書店から発行された日本を代表する辞典であり、第七版は 10 年ぶりに改訂された最新版です。

[End] キーを押すと、すぐに電子辞典で調べられます。

2-4 人名や会社名などの変換できない単語を登録して変換できるようにする（単語登録）

会社名や商品名など、ATOKの辞書に載っていない固有名詞は、正しく変換できないことがあります。しかし、これらの固有名詞をATOKの辞書に単語登録すれば、正しく変換できるようになります。ここでは「こくほ」という読みで「国民健康保険組合」という単語を登録する例を説明します。

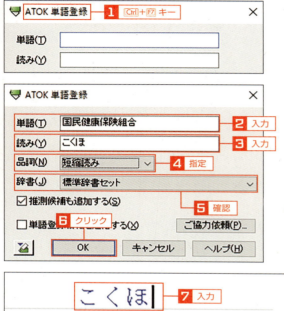

単語を登録する

1. [Ctrl]+[F7]キーを押して［ATOK単語登録］ダイアログボックスを開きます。

2. ［単語］に登録したい単語を入力します。ここでは「国民健康保険組合」と入力します。

3. ［読み］を入力します。ここでは「こくほ」と入力します。

4. ［品詞］で品詞を指定します。ここでは「短縮読み」を選択します。

5. ［辞書］は「標準辞書セット」のままにします。

6. ［OK］をクリックします。これで単語が登録されてダイアログボックスが閉じます。

7. 登録した読みを入力します。

8. □キーで変換すると、登録した単語に変換できます。

一太郎で単語登録する

一太郎の文書中の単語を登録する場合は、単語を選択したあと、［ツール－単語登録］を選択すると、単語登録のダイアログボックスが表示されます。

登録した単語を削除する

登録した単語が不要になったら、削除できます。削除するには、読みを入力して□キーで変換した状態で[Ctrl]+[Delete]キーを押してください。確認メッセージに対して、[はい] をクリックすれば削除できます。

2-5 別の表現を探して入力する（連想変換）

ATOKには、変換した言葉を、意味の似ている別の言葉に変換する機能が用意されています。この機能を「連想変換」と呼びます。複数の候補から選択できるので、いつもとは違った言葉を使ったり、表現に変化をつけたりしたいときに活用してください。

意味の似た別の言葉に変換する

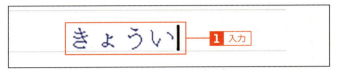

1 読みを入力します。ここでは「きょうい」と入力します。

2 □□キーで変換します。

3 [Ctrl]+[Tab]キーを押すと、連想変換の候補が表示されます。候補はウィンドウ右上のボタンで拡大／縮小したり、単語だけの表示に切り替えたりできます。

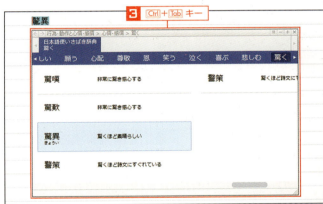

4 候補を選択します。□□キーで次の候補を選択できます。また、カーソルキーで候補を選択することもできます。

5 [Enter]キーで確定します。

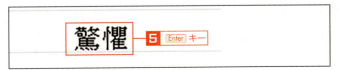

MEMO 連想変換の候補がある場合は、変換した文字の下に「【○○】の連想変換：Ctrl + Tab」と表示されます。これは、候補ウィンドウで候補を選択したときも同じです。この表示があるときは、[Ctrl]+[Tab]キーを押すことで、連想変換の候補一覧を表示できます。

2-6 日付・時間を入力する

「きょう」や「あす」「きょねん」「いま」など、日付を表す言葉を入力すると、対応する日付・時刻に変換できます。日付・時刻を、素早く正確に入力できるので便利です。ここでは、「いま」で現在時刻を入力する操作を説明します。

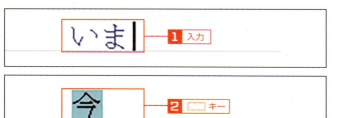

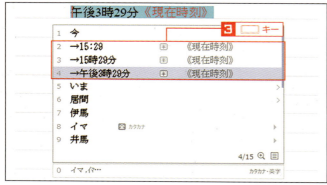

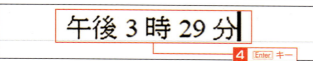

「いま」と入力して現在時刻に変換する

1. 「いま」と入力します。

2. ☐ キーを押すと、「今」に変換されます。

3. もう一度 ☐ キーを押すと、候補ウィンドウに現在時刻の一覧が表示されます。入力したい形式を選択します。

4. Enter キーで確定します。

MEMO 「いま」や「じこく」だと現在時刻に変換でき、「きょう」や「あす」「きのう」だと現在の日付に変換できます。

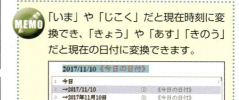

HINT 日付・時刻に変換できるキーワード

日付・時刻に変換できるキーワードは次のとおりです。

おとつい	おととい	いっさくじつ	きのう	さくじつ
きょう	ひづけ	ほんじつ	あした	あす
みょうにち	あさって	みょうごにち	にちょう	にちようび
げつよう	げつようび	かよう	かようび	すいよう
すいようび	もくよう	もくようび	きんようび	どよう
どようび	おととし	きょねん	ことし	らいねん
さらいねん	せんせんげつ	せんげつ	こんげつ	らいげつ
さらいげつ	じこく	いま		にちじ

※「どよう」「どようび」などの曜日を入力した場合は、今週・来週の対応する日付に変換できます。

HINT 変換できる日付の書式を設定する

ATOKのプロパティのダイアログボックスを開き、[入力・変換] タブの [設定項目] で [変換補助] の [日付] を選択すると、日付変換で入力できる日付、時刻の書式をカスタマイズすることができます。

2-7 3桁ごとのカンマ入りの数値を素早く入力する

ATOKには、桁数の大きい数値を入力する際、3桁ごとのカンマを自動的に挿入する機能が用意されています。また、「万」「億」などの単位が表示されるので、入力ミスを防ぐこともできます。

桁数の大きい数字を入力する

1 数字を入力します。

2 推測候補に3桁ごとのカンマの挿入された数字が表示されます。

3 続けて入力すると、コメントに「万」「億」などの単位も表示されます。

4 [Shift]+[Enter]キーを押すと、推測候補の先頭に表示されていた3桁ごとのカンマの入った数値が確定されます。

HINT 形式の異なる数字候補を利用する

ATOKのプロパティのダイアログボックスを開き、[入力・変換]タブの[設定項目]で[入力支援]の[数値]を選択すると、数値の形式と入力中に表示されるコメントを変更できます。

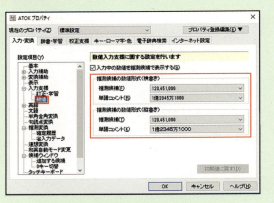

2-8 過去に入力した言葉を短い読みで入力する

ATOKでは、一度確定した言葉は確定履歴として登録されます。いったん確定履歴に登録されたら、次回からは先頭の数文字を入力するだけで推測候補として表示され、素早く入力できるようになります。ここでは、まず通常の操作で確定し、そのあと短い読みで入力する操作を説明します。

確定履歴を利用して効率的に入力する

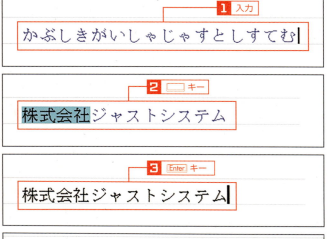

1. 「かぶしきがいしゃじゃすとしすてむ」と入力します。

2. □ キーを押して「株式会社ジャストシステム」に変換します。

3. Enter キーを押して確定します。

4. 「かぶ」と入力すると、推測候補に「株式会社ジャストシステム」が表示されます。

5. Shift + Enter キーで確定します。

HINT 確定履歴のクリア

ATOKのプロパティのダイアログボックスを開き、[入力・変換] タブの [設定項目] で [推測変換] の [確定履歴] を選択すると、確定履歴を設定できます。確定履歴を利用する場合は、[確定履歴を利用する] のチェックをオンにします。[確定履歴の編集] をクリックすると、登録されている履歴を編集できます。[確定履歴のクリア] をクリックすると、それまで記録された履歴はすべて削除されます。

2-9 読みの分からない漢字を手書きで入力する

人名や地名などには、どう読むのか分からない漢字があります。ATOKでは、読みから漢字に変換するため、読みが分からないとその漢字を入力することができません。このような場合は、手書きで漢字を直接書いて入力する方法があります。ここでは、「埖」という漢字を入力する操作を説明します。

手書き文字入力で入力する

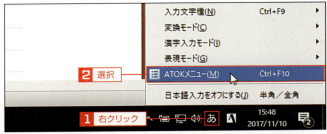

1 通知領域の あ または A を右クリックします。

2 [ATOK メニュー] を選択します。

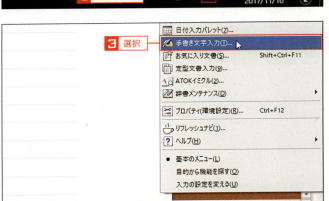

3 ATOK メニューが表示されたら [手書き文字入力] を選択します。

4 手書き文字入力が起動します。

5 マウスのドラッグまたは指で漢字を直接書きます。書き進めると、候補の漢字が徐々に絞り込まれ、目的の漢字が表示されます。

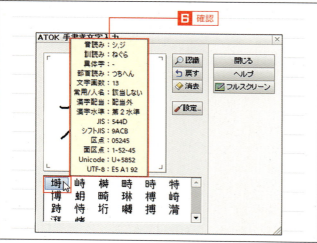

6 漢字にマウスポインターを合わせると、読み（ねぐら）や部首（つちへん）などの情報を確認できます。

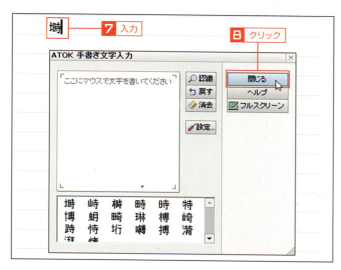

7 漢字をクリックしてカーソル位置に入力します。

8 閉じる をクリックして手書き文字入力を終了します。

2-10 入力ミスを修復して入力する（ATOKディープコレクト）

ATOKには、ユーザーのキー入力ミスを自動的に修復する機能が用意されています。以前から用意されていた機能ですが、最新のATOKでは、人工知能で利用されるディープラーニング技術を取り入れて、さらに修復率が向上しました。

入力ミスの自動修復を利用して正しく入力する

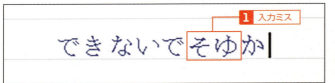

1. 「できないでしょうか」と入力しようとして、⎡D⎦⎡E⎦⎡K⎦⎡I⎦⎡N⎦⎡A⎦⎡I⎦⎡D⎦⎡E⎦⎡S⎦⎡O⎦⎡Y⎦⎡U⎦⎡K⎦⎡A⎦とキーを押してしまいました。

2. ⎡␣⎦キーで変換すると、「できないでしょうか」に自動的に修復されます。

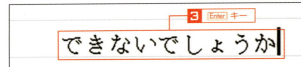

3. ⎡Enter⎦キーで確定します。

MEMO 修復率が35％アップ

ATOKには、キーボードの入力ミスを自動的に修復する機能が以前から用意されています。最新のATOKでは、この機能にディープラーニング技術を適用した「ATOKディープコレクト」が強化され、以前よりも35％も修復率が向上しました。たとえば、過去に一度も打鍵ミスを修復したことがなかったとしても、ATOKが自動的に修復して、正しい結果を提示します。
※株式会社ジャストシステム調べ。ディープラーニング技術適用前のATOKと比較した結果。

HINT 修復を取り消す

ATOKによる自動修復を取り消すには、修復された状態で⎡Shift⎦＋⎡Back Space⎦キーを押してください。

2-11 リフレッシュナビで入力の疲労度をチェックする

パソコンに向かって長時間文字を入力していると、徐々に疲労がたまって入力ミスも増えてきます。ATOKの「リフレッシュナビ」は、ATOKで入力した文字数や入力時間などの客観的なデータを記録し、ユーザーに休憩（リフレッシュ）のアドバイスをしてくれる機能です。

リフレッシュナビで現在の入力状態を確認する

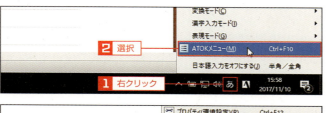

1. 通知領域の あ または A を右クリックします。

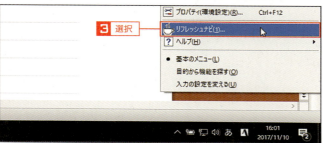

2. ［ATOK メニュー］を選択します。

3. ATOK メニューが表示されたら［リフレッシュナビ］を選択します。

4. リフレッシュナビが起動して、入力文字数や入力ミスの回数などのデータが表示されます。また、グラフで時間ごとの入力文字数や入力精度を確認することもできます。

休憩しませんか？

ATOKを使って、長時間、文章を入力を続けていると、画面右下にコーヒーのアイコンが表示され、「そろそろ休憩しませんか？」と表示されます。アイコンをクリックすると、リフレッシュナビのウィンドウが表示されます。集中していると、なかなか自分の疲労には気づかないものです。この表示が出たら、コーヒーブレイクしてみてはいかがでしょうか。

リフレッシュナビの使用を停止する

リフレッシュナビが不要なら、左下の［リフレッシュナビを使用しない］のチェックをオンにしてください。

2-12 ATOKイミクルで言葉の意味を確認する

一太郎をはじめとするさまざまなアプリケーションで、ATOKの電子辞典を活用したいときに便利なのが「ATOK イミクル」です。調べたい言葉を選択し、Ctrlキーを2回続けて押すだけで、電子辞典の意味が表示されます。

ATOKイミクルで選択した言葉の意味を調べる

1 アプリケーションで調べたい言葉を選択します。

2 Ctrlキーを2回続けて押すと、ATOKイミクルが起動して、電子辞典で調べた結果が表示されます。なお、表示される情報は、インストールされている電子辞典によって異なります。

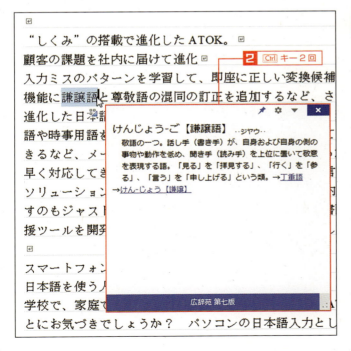

先にATOKイミクルを起動する

タスクバーの通知領域で［ATOK イミクル］のアイコンをクリックすると、ATOK イミクルが起動します。あるいは、何も選択しないで Ctrl キーを 2 回押してもかまいません。表示されたウィンドウで言葉を入力して Enter キーを押せば、その言葉を電子辞典で調べることができます。

通知領域で［ATOKイミクル］のアイコンをクリックします。

ウィンドウに調べたい言葉を入力して Enter キーを押せば、意味を調べられます。

 ## ATOKイミクルの設定

ATOK イミクルのウィンドウ右上の ［設定］をクリックすると、設定のダイアログボックスが表示されます。ここでは、起動用のキーや ATOK イミクルの常駐などを設定できます。

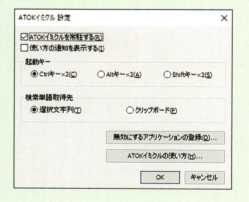

第3章　作　例　編

紙一枚で折り本を作ろう

1枚の紙で8ページの「折り本」を作ってみましょう。印刷機能が強化された一太郎2018なら、1ページ目から順に作った内容を、折り本用の面付けで簡単に印刷できます。切り込みを入れて折るだけで本の体裁になります。詩集や旅行記、短編小説などさまざまなアイテムを気軽に作ることができます。ここでは旅のしおりを作ってみます。

3-1 折り本

テンプレートを利用して内容を作成する

操作の流れ

1. 折り本テンプレートを読み込む
2. 文字や写真を挿入する
3. 枠飾りを変更する
4. 全体のイメージを確認する
5. アレンジを加える
6. 折り本スタイルで印刷する
7. アウトプットナビを活用する

▼ 完成

1 テンプレートを利用して内容を作成する

折り本のテンプレートを利用し、それをベースにして編集していきます。テンプレートには、枠飾りや写真枠があらかじめ設定されているので、そこに文字や写真を入れていけば簡単に作成できます。もちろん、枠のデザインを変更したり、写真の点数を変更したりもできます。

1-1 テンプレートを利用する

利用したいテンプレートを開きましょう。テンプレートは俳句用、小説用、会報用、ミニコミ誌用などさまざまな種類が50点用意されています。面付けする用紙サイズもA4、B4、A3などから選べます。

テンプレートを開く

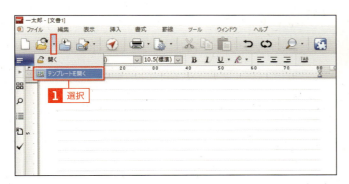

1. ツールバーの [開く] の右にある▼をクリックして、[テンプレートを開く]を選択します。

2. [テンプレートを開く]ダイアログボックスが開くので、[パーソナル]タブをクリックします。

3. カテゴリーから[折り本]を選択します。

4. [旅のしおり_A4]を選択します。

5. 開く をクリックします。

1-2 表紙に文字を入力する

表紙に文字を入力します。すでにレイアウト枠が設定されていて、入力すべき内容を示してくれているので、それらの文字を入れ替えるだけです。一部の文字を小さくしたり、ふりがなをふったりして、より見やすくしましょう。

キャッチコピーを入力する

1 「キャッチコピー」の文字をドラッグして選択します。

2 Delete キーを押します。

3 文字を入力します。ここでは「縁結びスポット♥」と入力しています。

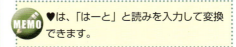

MEMO ♥は、「はーと」と読みを入力して変換できます。

タイトルを入力する

1 「タイトル」の文字を削除します。

2 文字を入力します。ここでは「鴇浦ご縁の旅」と入力します。

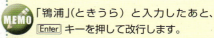
「鴇浦」(ときうら) と入力したあと、Enter キーを押して改行します。

一部の文字を小さくする

1 「の」をドラッグして範囲指定します。

2 フォントサイズで[18.0]を選択します。

3 「の」だけ小さくなりました。

何もないところをクリックして選択を解除しておきます。

ふりがなをふる

1. [文書編集]パレットを開き、[ふりがな]をクリックします。

2. 「鴇浦」をドラッグして範囲指定します。

3. ふりがなが正しく設定されていることを確認します。

4. ✿[ふりがな書式]をクリックします。

5. [ふりがなのサイズ]のチェックをオンにします。

6. [サイズ]を[7.0]Pに設定します。

7. OKをクリックします。

8 反映 をクリックします。

9 ふりがながふられました。

> **MEMO** 何もないところをクリックして選択を解除しておきます。

第3章 作例編 紙一枚で折り本を作ろう

HINT 付箋を削除する

操作方法を説明した付箋は、削除できます。内容を確認したら付箋上で右クリックして[削除]をクリックします。なお、付箋は印刷されないので、そのまま残しておいても問題はありません。

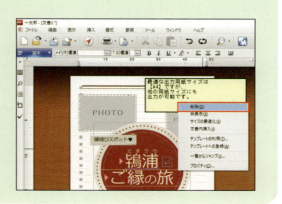

1-3 表紙に写真を挿入する

表紙に写真を挿入します。すでに写真枠が設定されているので、画像を変更します。写真の型抜きを変更したり、写真の点数を減らしたりすることも可能です。ここでは、一太郎に収録されている写真から、イメージに合った写真を探して挿入します。

写真を検索して挿入する

1 「PHOTO」と書かれた枠をクリックします。ここでは右上の枠をクリックしています。

2 [画像の変更]パレットの [絵や写真の変更] をクリックします。

3 [絵や写真]ダイアログボックスの [検索]をクリックします。

4 [写真]を選択します。

5 キーワードを入力します。ここでは「猫」と入力しています。

6 検索 をクリックします。

7 12個の写真が検索されました。

8 右側からイメージに合う写真を選択します。ここでは「小春日和」を選択しています。

9 挿入 をクリックします。

10 写真が挿入されました。

ほかの写真も挿入する

1 手順 **1** 〜 **10** と同様にして、ほかの写真枠にも写真を挿入します。ここでは、左上の写真は「白壁」、左下は「石畳」、右下は「しめ縄」で検索して挿入しています。

HINT 写真の型抜きの種類を変更する

写真の型抜きを変更することができます。写真を選択した状態で［画像の型抜き］パレットを開き、好みの種類をクリックします。ここでは横長の写真には［ステッチ（横）］を、縦長の写真には［ステッチ（縦）］を適用しています。

1-4 2ページ目を作成する

2ページ目を作成します。このページは、旅程の全体像が分かるタイムスケジュールを示したページです。レイアウトはすでに整っているので、文字を入力するだけです。レイアウト枠の背景画像の変更方法や図形の色の変更方法などを紹介します。

リード文を入力する

1. 「ここに文章を入力します。」という文字をドラッグして選択し、Delete キーを押して削除します。

MEMO 改行マーク3つも同時に選択して削除しておきます。

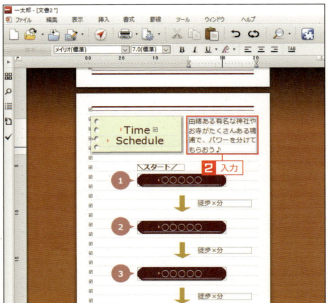

2. リード文を入力します。

MEMO 「♪」は「おんぷ」と読みを入力して変換できます。

レイアウト枠のスタイルを変更する

設定されている枠に文字が入りきらなかったり、文字量が少なすぎて余白ができてしまったりしたときは、レイアウト枠のフォントサイズや行数などを調整して収まりをよくしましょう。

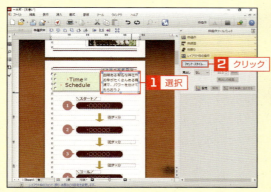

1. レイアウト枠の枠線上をクリックして選択します。枠の周囲に■が表示されます。

2. ［レイアウト枠の操作］パレットの フォント・スタイル をクリックします。

3. ［フォント］タブで［文字サイズ］を変更します。文字サイズを小さくすると文字量を増やすことができます。文字サイズを大きくすると、枠内に収まる文字が少なくなります。

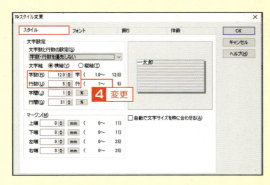

4. ［スタイル］タブで［字数］や［行数］を変更することで、文字量を増減することができます。

訪問場所を入力する

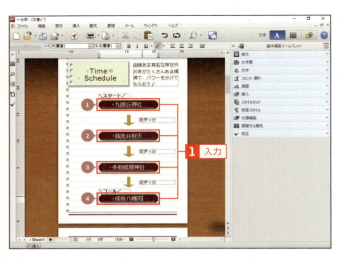

1. 「○○○○○」の部分に、訪問場所を入力します。

所要時間を入力する

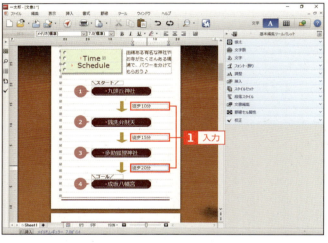

1. 「徒歩×分」の部分に分数を入力します。

 レイアウト枠を拡大する

「バス1時間 （鴇浦バス）」など、入力したい文字が多い場合は、レイアウト枠を広げて対応しましょう。レイアウト枠の枠線をクリックして選択し、2行分が入る程度まで、下側の■を下方向にドラッグします。

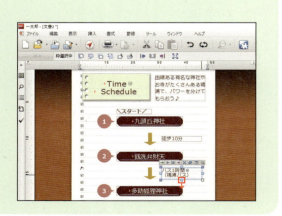

レイアウト枠の背景画像を変更する

1. レイアウト枠の枠線をクリックして選択状態にします。

2. [レイアウト枠の操作] パレットの 設定 をクリックします。

> **MEMO** 枠を選択するには、レイアウト枠内ではなく、枠線上をクリックします。枠を選択できると、周囲に■が表示されます。

3. [絵や写真] ダイアログボックスが開くので、[背景] タブが選ばれていることを確認して、左の一覧から種類を選択します。ここでは [コラム_クラフト] を選択しています。

4. 右の一覧から背景デザインを選択します。ここでは [クラフト24] を選択しています。

5. 枠の背景に設定 をクリックします。

6. 背景画像が変更されました。

作例編　紙一枚で折り本を作ろう

第3章

103

図形の色を変更する

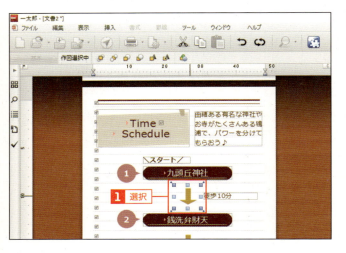

1 図形で描画された矢印をクリックして選択します。

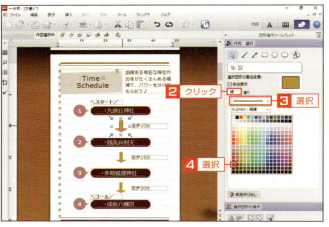

2 ツールパレットが図形操作用に切り替わります。[線]タブをクリックします。

3 実線を選択します。

4 カラーパレットから色を選択します。ここではワインレッドを選択しています。

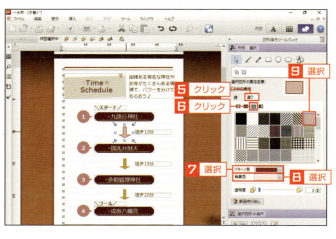

5 [塗り]タブをクリックします。

6 ▨[パターン]をクリックします。

7 [パターン色]を選択します。ここではワインレッドを選択しています。

8 [背景色]を選択します。ここでは薄いピンク色を選択しています。

9 パターンを選択します。ここでは細い斜めのパターンを選択しています。

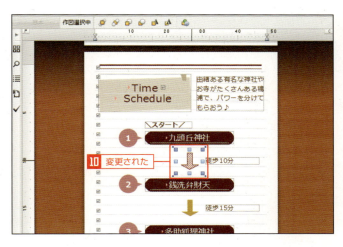

10 矢印の色やパターンが変更されました。

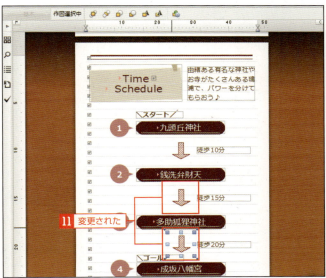

11 ほかの矢印も同じように変更しておきましょう。

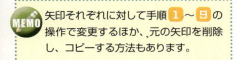

> **MEMO** 矢印それぞれに対して手順 **1** ～ **9** の操作で変更するほか、元の矢印を削除し、コピーする方法もあります。

HINT 図形を垂直にコピーする

図形をコピーするとき、Ctrl キーと Shift キーを押しながらドラッグすると、垂直または水平にコピーできます。この場合は、真下にコピーすることができます。

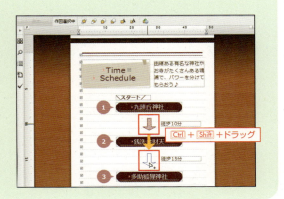

第3章 作例編 紙一枚で折り本を作ろう

1-5 3ページ目を作成する

3ページ目は、注目のスポットをピックアップしたダイジェストページです。訪問場所の中で特に必見のスポットを2カ所ピックアップして紹介しましょう。ここでは、枠飾りの変更方法を紹介します。

文字を入力する

1. タイトル、小見出し、紹介文を入力します。

枠飾りを変更する

1. 小見出しの枠線をクリックして選択します。
2. [枠飾り]パレットの [飾り追加]をクリックします。

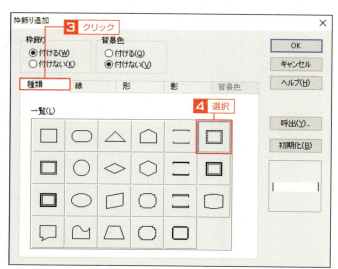

3. [種類]タブをクリックします。
4. 枠の種類を選択します。ここでは右上の、実線と点線の枠を選択しています。

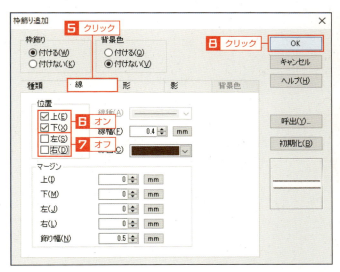

5 [線]タブをクリックします。

6 [位置]で[上]と[下]のチェックをオンにします。

7 [位置]で[左]と[右]のチェックをオフにします。

8 OKをクリックします。

9 [枠飾りの登録]ダイアログボックスが開くので、登録名を入力します。ここでは「小見出し用」としています。

10 OKをクリックします。

11 枠飾りが変更されました。

もう一方の枠飾りも変更する

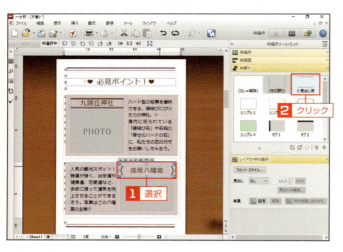

1. もう一方の枠を選択します。
2. [枠飾り] パレットに、先ほど登録した「小見出し用」の枠が表示されています。この枠をクリックします。

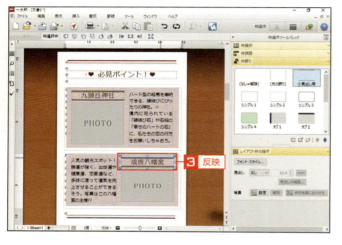

3. 枠飾りが反映されました。

HINT 飾り追加と飾り変更の違い

[飾り追加] をクリックすると、現在の設定をベースにして変更した枠飾りを新規に登録します。[飾り変更] をクリックすると、変更した飾りを、現在設定している飾りの登録名で上書きします。

写真を挿入する

1 98ページの手順 1 ～ 9 の要領で写真を挿入します。

2 写真が横長だったため、下部に余白ができました。写真の右端をトリミングして縦横比を調整します。写真を選択した状態で 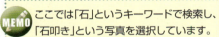 [トリミング] をクリックします。

> **MEMO** ここでは「石」というキーワードで検索し、「石叩き」という写真を選択しています。

3 右側中央の□を左方向にドラッグします。

4 [OK] をクリックします。

5 写真がトリミングされました。

6 枠の右下の□を右下方向にドラッグします。

7 これで右の文章に合った縦横比になりました。

8 もう一方の写真も同様にして挿入します。ここでは「亀」で検索し、「銭亀」を挿入しています。

1-6　4ページ目以降を作成する

4～7ページの4ページは、それぞれのスポットの紹介ページです。写真の位置が違うだけで、あとはほぼ同じフォーマットなので、一気に作成しましょう。最終ページ（裏表紙）は、中央に写真を入れ、名前や日付を入れておきましょう。

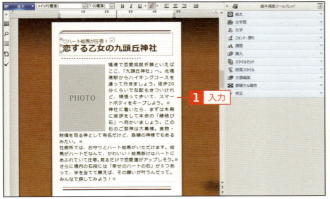

文字を入力する

 サブタイトルやタイトル、本文を入力します。「♡」は「はーと」で、「$」は「どる」の読みで変換できます。

> **MEMO** 本文の入力で写真枠がずれてしまった場合は、枠をドラッグして戻します。

写真を挿入する

 これまでと同様の要領で写真を挿入します。4ページ目からそれぞれ「石段」「硬貨」「鳥居」「蓮」で検索しています。

> **MEMO** 8ページ目（裏表紙）も写真と文字を入れておきましょう。

HINT　あらかじめ設定された枠と違う比率の写真を挿入する

縦長の枠が設定されたところに横の写真を挿入する場合は、写真の大きさを調整してそのまま使用しても構いません。また、109～110ページで説明したように、トリミングして横長の写真を縦長にする方法もあります。

大きさで調整した場合。

トリミングで調整した場合。

2 全体を確認して最終調整する

これで旅のしおりは一応完成です。ビューアフェーズで全ページを表示して確認し、少しアレンジを加えてみましょう。ここでは、ページ飾りの色と種類を変更して背景色を付けます。それに合わせてそのほかの文字や飾りの色味も変更してみましょう。

2-1 イメージを確認する

閲覧専用のビューアフェーズに切り替え、全ページを表示して全体のイメージを確認しましょう。一覧表示のままでは基本編集画面への切り替えができない点に注意します。

ビューアフェーズに切り替える

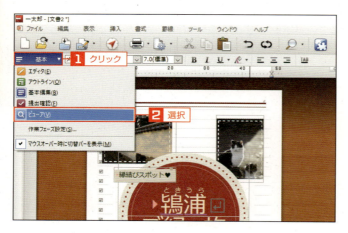

1. コマンドバーの ≡ 基本 ▼ [作業フェーズの変更]をクリックします。

2. [ビューア]を選択します。

3. ⊞ [ページ一覧に切り替え]をクリックします。

4 8ページ全部が一覧で表示されるので、全体感を確認します。

基本編集画面に戻す

1 □［イメージビューア画面に切り替え］をクリックします。

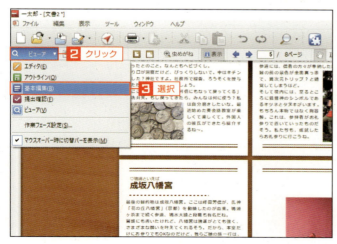

2 コマンドバーの [ビューア ▼]［作業フェーズの変更］をクリックします。

3 ［基本編集］を選択します。

2-2 文字色や飾りなどをカスタマイズする

ページ飾りの色を変え、ページ全体に背景色を付けます。それに合わせて、文字の色や枠飾りの色を変更しましょう。罫線は色と長さを変更します。

ページ飾りを変更する

1. ツールバーの [用紙や字数行数の設定（文書スタイル）] をクリックします。

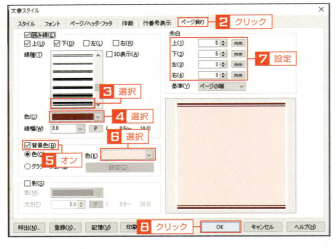

2. [ページ飾り] タブをクリックします。

3. [線種] を選択します。ここでは上の線が太めの二重線を選択しています。

4. [色] を選択します。ここではワインレッド（濃いめの赤）を選択しています。

5. [背景色] のチェックをオンにします。

6. [色] を選択します。ここでは薄いピンク色を選択しています。

7. [余白] で [上] と [下] を [5] mm、[左] と [右] を [3] mmに設定します。

8. OKをクリックします。

9 ページ上下の飾りや背景色が設定されました。

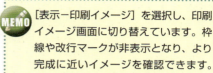
[表示－印刷イメージ]を選択し、印刷イメージ画面に切り替えています。枠線や改行マークが非表示となり、より完成に近いイメージを確認できます。印刷イメージ画面では、編集が可能です。

枠飾りの色を変更する

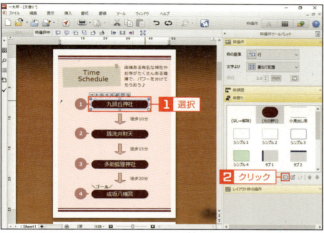

1 2ページ目の枠飾りを変更します。枠線をクリックして枠を選択します。

2 [枠飾り]パレットの [飾り追加]をクリックします。

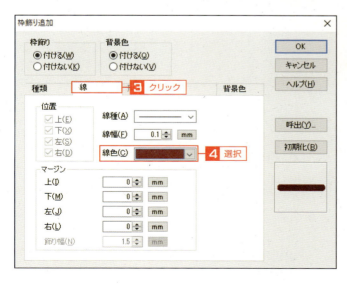

3 [線]タブをクリックします。

4 [線色]で、ページ飾りと同じワインレッドを選択します。

3-2 全体を確認して最終調整する

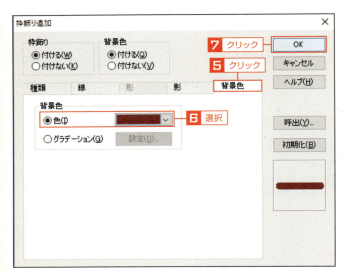

5 [背景色]タブをクリックします。

6 [色]でワインレッドを選択します。

7 OK をクリックします。

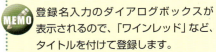
登録名入力のダイアログボックスが表示されるので、「ワインレッド」など、タイトルを付けて登録します。

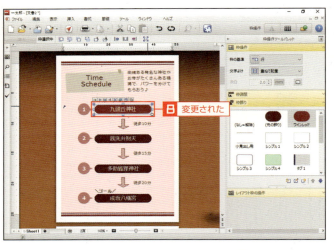

8 枠飾りの色が変更されました。

ほかの3つの枠も同じように変更しておきましょう。枠を選択して「ワインレッド」を選びます。

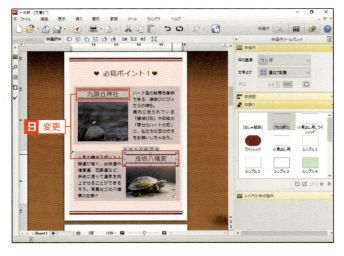

9 3ページ目の枠飾りも変更します。115ページの手順 **1** 〜 **4** の要領で色をワインレッドに変更します。

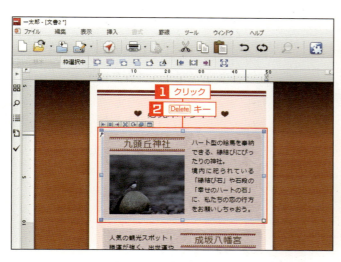

枠の背景を削除する

1. ページに背景を設定したので、3ページ目に設定されている枠の背景を削除します。枠線をクリックして枠を選択します。

2. Delete キーを押します。

MEMO 後ろのレイアウト枠と間違わないよう、色が付いた部分が選択されていることを確認してから削除しましょう。下の枠の背景も削除しておきます。

罫線の色と長さを変更する

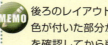

1. 4〜7ページの罫線を変更します。ツールバーの [罫線開始/終了]をクリックします。

2. 罫線モードになります。[罫線]パレットの [罫線]を選択します。

3. 線の種類を選択します。ここでは点線の中ぐらいの太さを選択しています。

4. 線の色を選択します。ここではワインレッドを選択しています。

第3章 作例編 紙一枚で折り本を作ろう

5 すでに罫線が引かれているところも含め、左右いっぱいにドラッグして線を引きます。

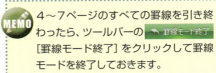
MEMO　4〜7ページのすべての罫線を引き終わったら、ツールバーの [罫線モード終了] をクリックして罫線モードを終了しておきます。

文字の色を変更する

1 茶色の文字部分をワインレッドに変更します。ドラッグして範囲選択します。

2 [フォント・飾り] パレットの [文字色] をクリックします。

3 カラーパレットの中からワインレッドを選択します。

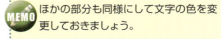
MEMO　ほかの部分も同様にして文字の色を変更しておきましょう。

3 折り本スタイルで印刷する

作品が完成したら、折り本のスタイルで印刷しましょう。印刷の設定画面で「折り本」を選ぶだけで、自動的に折り本用の面付けをしてくれます。印刷できたら、ガイドに従って折ったり切り込みを入れたりすると折り本が完成します。

3-1 1枚の紙に8ページの作品を印刷する

A4用紙1枚に8ページの旅のしおりを折り本スタイルで印刷します。印刷画面で「折り本」を選択し、出力用紙や右開き（縦書き向け）か左開き（横書き向け）かなどを指定すると、適切な面付けで印刷できます。

折り本印刷する

1. ツールバーの [印刷] をクリックします。

2. [折り本] をクリックします。

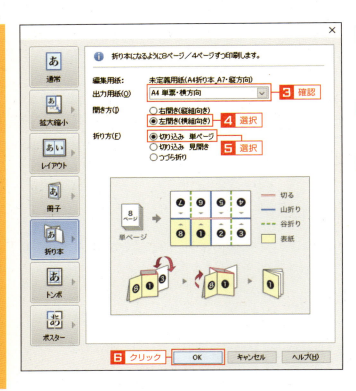

3 [出力用紙]で[A4 単票・横方向]が選ばれていることを確認します。

4 [開き方]で[左開き(横組向き)]を選択します。

5 [折り方]で[切り込み 単ページ]を選択します。

6 [OK]をクリックします。

HINT 折り本のさまざまな設定

●[出力用紙]

ここではA7で作った8ページをA4に印刷する設定にしていますが、A4で作った8ページをA4で印刷するといった設定も可能です。その場合は、自動的に縮小して印刷されます。

●[開き方]

一般的に、横書きの場合は[左開き]、縦書きの場合は[右開き]を選択します。

●[折り方]

縦方向用紙8ページものを印刷するときは[切り込み 単ページ]か[つづら折り]のいずれかを選択します。横方向用紙4ページものを印刷するときは[切り込み 見開き]を選択します。

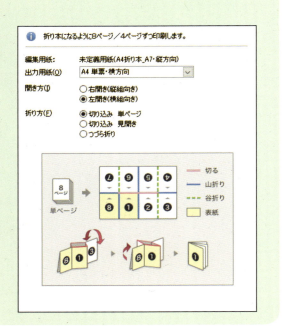

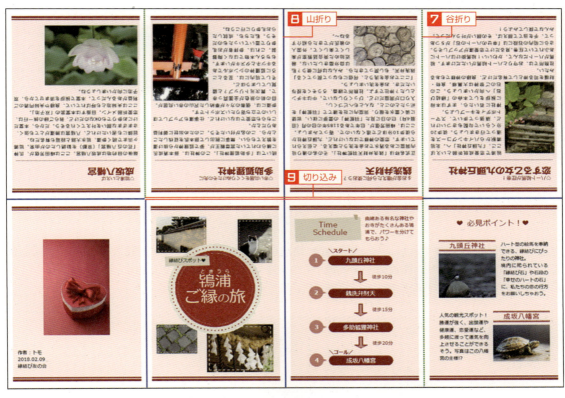

7⃣ このような状態で印刷されます。緑の点線は谷折りにします。

8⃣ 青の実線は山折りにします。

9⃣ 赤の二重線に切り込みを入れます。

これで折り本が完成です。

4 アウトプットナビを活用する

一太郎文書はさまざまな印刷物やデータとして幅広く活用されます。アウトプットナビとは、用途や利用シーンに応じた一太郎文書の出力へ、スムーズに誘導する機能です。PDF形式での保存やコンビニプリントなど、さまざまな形式での保存や印刷の際の入口として活用できます。

4-1 PDF形式や画像形式で保存する

PDFや画像形式で保存すれば、一太郎がない環境の人にもデータのまま配布することができます。これまでは［ファイル－他形式の保存／開く］からそれぞれ選んでいましたが、アウトプットナビを活用すれば分かりやすくてスムーズです。

PDF形式で保存する

1 ツールバーの ⦿ ［アウトプットナビ］をクリックします。

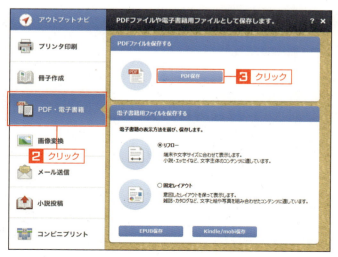

2 ［PDF・電子書籍］をクリックします。

3 ［PDF保存］をクリックします。

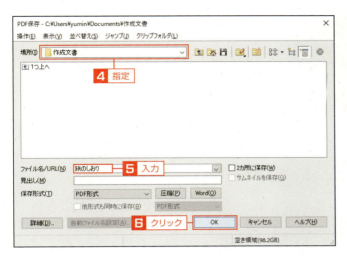

4 保存場所を指定します。

5 ファイル名を入力します。

6 OK をクリックします。

7 PDF形式で保存できました。

全ページを画像形式で保存する

1 ツールバーの [アウトプットナビ]をクリックし、[画像変換]をクリックします。

2 画像に変換して保存 をクリックします。

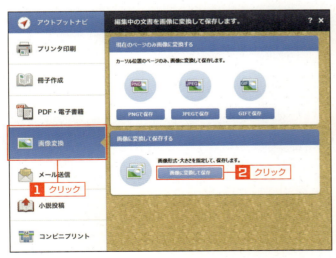

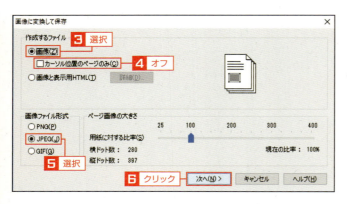

3 [作成するファイル]で[画像]を選択します。

4 [カーソル位置のページのみ]のチェックをオフにします。

5 [画像ファイル形式]を選択します。ここでは[JPEG]を選択しています。

6 次へ をクリックします。

7 保存する場所を指定します。

8 フォルダー名を入力します。

9 OK をクリックします。

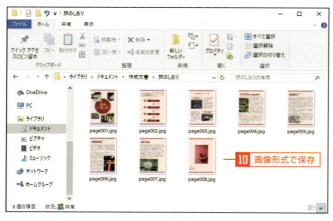

10 入力した名前のフォルダーが作成され、その中にページごとに画像になったファイルが8個保存されています。

4-2　1枚の紙に一覧印刷する

複数ページを1枚の紙に一覧印刷したいときには、レイアウト印刷を活用しましょう。たとえばA4で作成した8ページをA4用紙に印刷したい場合やA7で作成した8ページをA3用紙に印刷したい場合でも、出力用紙を指定すれば自動的に拡大縮小して印刷されます。

レイアウト印刷する

1. ツールバーの [アウトプットナビ] をクリックし、[プリンタ印刷] をクリックします。

2. [複数ページをまとめて印刷する]の横の をクリックします。

3. レイアウト印刷 をクリックします。

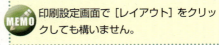

MEMO 印刷設定画面で [レイアウト] をクリックしても構いません。

4. [出力用紙] で [A4 単票] を選択します。

5. [レイアウト数] で [8 ページ] を選択します。

6. レイアウト印刷詳細 をクリックします。

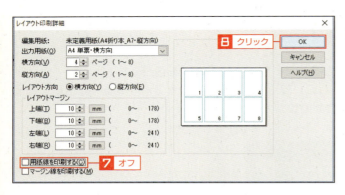

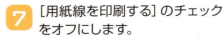

7 ［用紙線を印刷する］のチェックをオフにします。

8 ［OK］をクリックします。

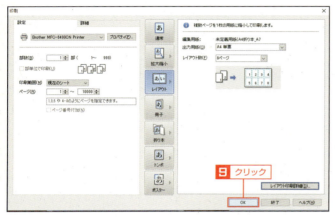

9 印刷設定画面に戻るので、［OK］をクリックします。

10 このような状態で印刷されます。

MEMO 折り本スタイルで印刷する前に、内容確認のために利用するとよいでしょう。

第4章 作　例　編

オリジナル小説を書こう

一太郎2018が持つ、"もの書き"にとって最適な機能を活用して、オリジナルの小説を書いてみましょう。見栄え良く小説の文書スタイルを設定し、文字入力をアシストする機能も活用します。完成した小説は、印刷して冊子にしたり、ウェブに投稿したり、電子書籍として公開するなど、さまざまな方法でアウトプットできます。

4–1 スタイルを設定して文章を入力する

作例

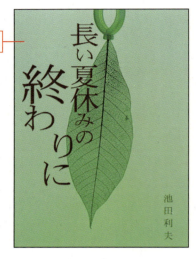

表紙を作成

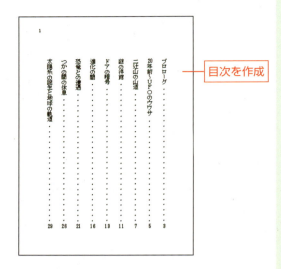

目次を作成

小説本文を作成

操作の流れ

1. きまるスタイルで文書スタイルを設定する
2. 小説用ファンクションキーセットや入力アシストの機能を活用する
3. ふりがなを設定する
4. 文書を校正する
5. 目次、中扉、奥付を作成する
6. 表紙を作成する
7. 印刷、ウェブ投稿、電子書籍化などの方法を選んで、アウトプットする

▼
完成

1 スタイルを設定して文章を入力する

見栄え良く小説の文書スタイルを設定したいときには、「きまるスタイル」を利用しましょう。A6単行本のスタイルや、新書のスタイルなどを選ぶだけで設定できます。そして、文章を入力するときには、小説用ファンクションキーセットや入力アシストの機能を利用すると、文章の入力がスムーズになります。

1-1 きまるスタイルで本文の書式を設定する

きまるスタイルでは、あらかじめ用意されている、「ビジネス文書」「会報・チラシ」「本・冊子」「原稿・レポート」などのスタイルを選んで、読み込むことができます。ここではオリジナル小説を作って、まわりの人にも読んでもらうため、A6単行本サイズを選んでみます。

「きまるスタイル」で設定する

1. ツールバーの[用紙や字数行数の設定(文書スタイル)]の右にある[▼]をクリックして、[きまるスタイル]を選択します。

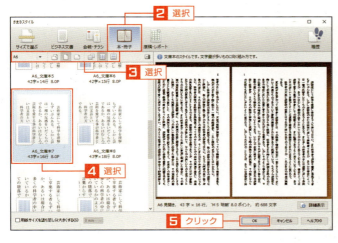

2. [きまるスタイル]ダイアログボックスが開くので、分類で[本・冊子]を選択します。

3. 用紙で[A6]を、用紙の方向で[縦方向]を、文字組で[縦組]を選択します。

4. [A6_文庫本7]を選択します。

5. [OK]をクリックします。

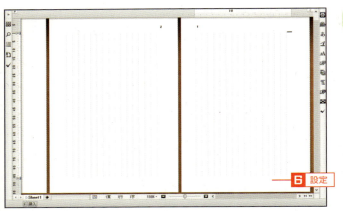

6 選択した文書スタイルが設定されました。

HINT 小説投稿に便利な「公募ノベル」スタイル

出版社などが主催する文学賞では、投稿の際に使用する用紙サイズ、行数、1行あたりの文字数が決められている場合があります。「きまるスタイル」の中には、文学賞の公募でよく使用される文書のスタイルが用意されているので、投稿の際に活用できます。

1-2 小説用ファンクションキーセットと入力アシストを利用する

小説用ファンクションキーセットを利用すれば、よく使う三点リーダやダッシュなどの約物、方言などの表現、コピー履歴からの貼り付けなどをキーで素早く操作できます。まずは、小説用ファンクションキーが利用できるように、設定しましょう。

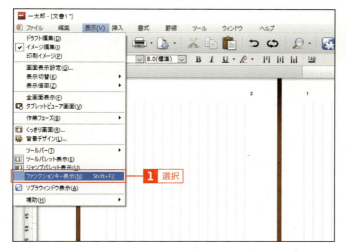

ファンクションキーを表示する

1 ［表示－ファンクションキー表示］を選択します。

2 画面下にファンクションキー（標準）が表示されます。

ファンクションキーセットと入力アシストを切り替える

1 ［ツール－オーダーメイド］を選択します。

4-1 スタイルを設定して文章を入力する

2 ［こだわり］をクリックします。

3 ［操作］シートをクリックします。

4 下にスクロールして［小説用ファンクションキーセットに切り替えますか？］で［小説用］を選択します。

5 ［入力アシストを利用しますか？］で、利用したい機能を選択します。ここでは、以下の項目を選んでいます。
・縦組文書の半角数字を縦中横にする
・行頭にスペースを挿入する
・行頭の開き括弧・改行の前の空白を削除する
・対でない引用符を対になる引用符に変更する
・行頭の開き括弧と対になる閉じ括弧で改行する

6 ［オーダーを確認］をクリックします。

7 オーダーするをクリックします。

8 OKをクリックします。

9 小説用ファンクションキーセットに切り替わりました。

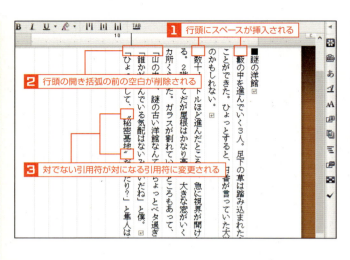

アシスト機能を活用して文章を入力する

1 行頭に、自動でスペースが挿入されます。

2 行頭が開き括弧の場合には、スペースが自動で削除されます。

3 対でない引用符が対になる引用符に変更されます。引用符には縦組用のダブルミニュートが入っています。

1-3 小説用ダッシュや傍点を使用する

小説や記事などでよく使われる、2本がつながる二倍ダーシ（ダッシュ）の入力、黒丸の傍点（・）の利用などが可能になりました。いずれもオプション設定することで利用できます。

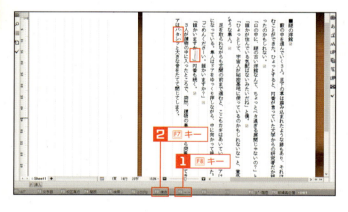

小説用ダッシュや傍点を入力する

1 F8 キーを押すと、小説用ダッシュが入力されます。

2 F7 キーを押すと、傍点が入力されます。

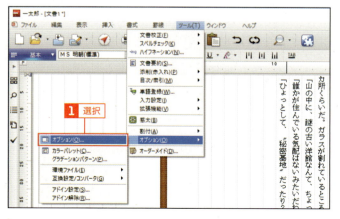

2本がつながる小説用ダッシュや黒丸の傍点を利用可能に設定する

1 ［ツール－オプション－オプション］を選択します。

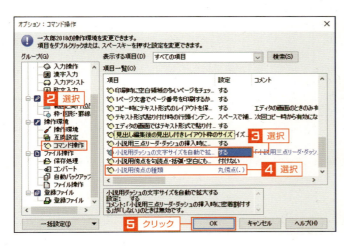

2 ［操作環境］の［コマンド操作］を選択します。

3 ［小説用ダッシュの文字サイズを自動で拡大する］の［する］を選択します。

4 ［小説用傍点の種類］の［丸傍点(.)］を選択します。

5 OK をクリックします。

Column

文字入力に適した作業フェーズ

一太郎では、基本編集フェーズ以外にも、作業内容に応じた「作業フェーズ」が選択できます。文字入力に集中したいなら、エディタフェーズ、文章の構成や見出しを考えてから書き始めたいときには、アウトラインフェーズに切り替えられます。

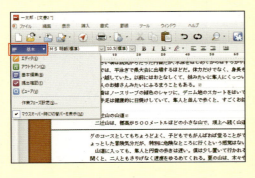

［作業フェーズの変更］をクリックして、作業フェーズを選択します。

エディタフェーズは、文字入力に集中したいときに最適なフェーズです。

4-1 スタイルを設定して文章を入力する

[表示－画面表示設定]を選んで、[エディタ]シートを開くと、行間の広さを設定できます。[ふつう][やや広め][広め]から選択できます。

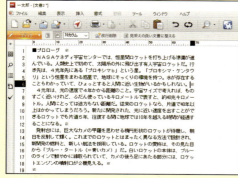

[広め]を選択した画面です。

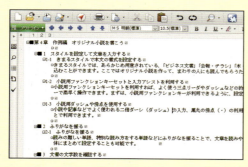

文章の構成や見出しを考えてから書き始めたいときには、[アウトライン]フェーズに切り替えます。

横書きで作成した文書をあとから縦組み文書にすることができます。[ファイル－文書スタイル－縦組文書に変換]を選択します。このとき、引用符として[ダブルミニュート]を選択可能です。

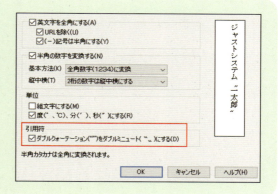

2 ふりがなをふる

単語にふりがなをふることができます。読みの難しい単語などに設定しましょう。設定したふりがなは、小説投稿サイトの決まりに対応した形式で保存することができます。

2-1 ふりがなをふる

読みの難しい単語、特別な読み方をする単語などにふりがなをふることで、文章を読みやすくできます。単語を個別に選んで設定するほか、文書全体にまとめて設定することも可能です。

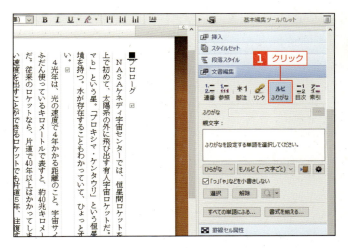

指定した単語にふりがなをふる

1. ［文書編集］パレットの［ふりがな］をクリックします。

2. ふりがなをふりたい単語を範囲指定します。

3. ［親文字］に、選択した単語が表示されます。

4. ［ふりがな］に、ふりがなが表示されます。

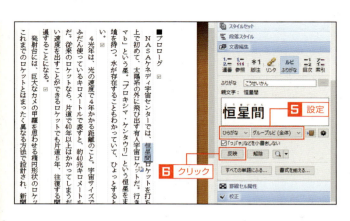

5 ふりがなをひらがなにするかカタカナにするか、また、モノルビにするかグループルビにするかを設定します。

6 反映 をクリックします。

> **MEMO** ふりがなを、親文字の1文字ごとにふる方法が「モノルビ」、単語のまとまりにふる方法が「グループルビ」です。モノルビの場合、親文字の1文字ごとに「／」(スラッシュ)で区切られて表示されます。

7 ふりがながふられました。

> **MEMO** [ふりがな]の内容は、自分で設定できます。「神鉄」に対して「オリハルコン」など、小説などの場合、作者が独自の表現をすることができます。

8 同様にして、ふりがなをふりたい単語を範囲指定し、ふりがなを設定していきます。

> **MEMO** 小説用ファンクションキーセットを利用している場合、パレットを開かなくても F6 キーを押せば、ふりがなの設定画面を開けます。

ウェブの文書を一太郎に貼り付ける

小説投稿サイトに公開した作品を一太郎に読み込んで印刷したり、再編集したい場合に、ふりがなや傍点を再現することができます。テキスト内に記述されたふりがなや傍点の書式を解析することで、再現を可能にしています。

［ツール－オプション－オプション］を選択。［グループ］で［ファイル操作］の［ファイル操作］を選択し、［テキストファイル読込時にふりがなを自動的に設定する］を［する］にします。さらに、［読み込むふりがなの形式］で読み込みたい形式を選択し、OKをクリックします。

テキスト内に記述されたふりがなや傍点の書式が、一太郎文書上で再現されます。

 ## 小説投稿サイトに応じた書式で保存する

ふりがな付きの文書をテキスト形式で保存すると、ふりがなは親文字の後方に括弧で囲まれて挿入されます。このとき小説投稿サイトへの投稿がしやすいように、ふりがなと傍点をサイトに応じた書式で保存することができます。

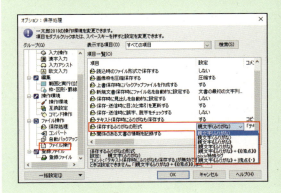

［ツール－オプション－オプション］を選択。［グループ］で［ファイル操作］の［保存処理］を選択し、［テキスト保存時にふりがなも保存する］を［する］にし、［保存するふりがなの形式］で出力したい形式を選択し、OKをクリックします。

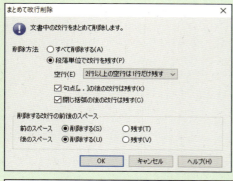

設定した書式でテキストファイルとして保存できます。

 まとめて改行削除

小説投稿サイトなどのウェブ小説やブログとして投稿した記事などは、読みやすさのために空行を多用することがあります。こうした文章を一太郎上でまとめたいときに、不要な改行をまとめて削除できます。

［編集－補助－まとめて改行削除］を選択します。［2行以上の空行は1行だけ残す］などのオプション設定も可能です。会話文の改行を保持しながら、シーン切り替えの空行のみ保持するといった設定が可能です。

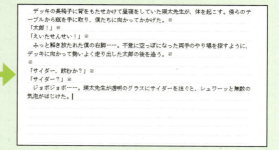

MEMO アウトプットナビで［小説投稿］を選んだときにも、小説投稿サイトに応じたテキストの形式を選択できます。

3 文書の文字数を確認する

長い小説を書いていると、作成途中で今どのくらい執筆したのか知りたいことがあります。また、公募小説に応募する場合には、文字数や原稿用紙枚数が規定されていることもあります。現在までの文字数を確認したり、目標文字数を設定して達成度を確認しながら書き進めたりすることができます。

3-1 [文字数]パレットで文字数を確認する

[文字数]パレットには、文章の文字数と、その文章が原稿用紙に換算すると何枚になるかが表示されます。小説用ファンクションキーセットに切り替えていれば、F2 キーでも文字数を確認できます。更新ボタンを押すことで文字をカウントし直します。

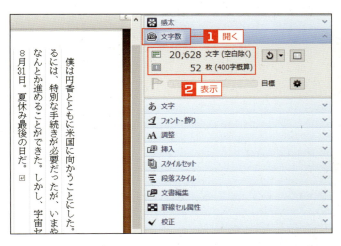

文字数を確認する

1. [文字数]パレットを開きます。
2. 文章全体の文字数、400字詰めの原稿用紙に換算した場合の枚数が表示されます。

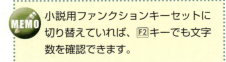

MEMO 小説用ファンクションキーセットに切り替えていれば、F2 キーでも文字数を確認できます。

内容を更新する

1. [文字数]パレットの ↻ [更新]をクリックします。
2. 加筆修正していた場合、文字数が更新されます。

3-2 自動的に［文字数］パレットの内容を更新する

常に文字数を確認しながら作業したいときには、一定時間ごとに自動で更新する設定が可能です。手動で更新する手間がかからないので便利です。

更新時間を設定する

1. ［更新］の右横の ▼［更新間隔］をクリックします。

2. 更新間隔を設定します。

3. 更新間隔を設定している場合、［文字数］パレットを閉じた状態でも文字数を確認することができます。

3-3 目標文字数を設定して書く

投稿小説を書く場合など、文字数や枚数が決められていることがあります。目標とする文字数を設定しておくと、［文字数］パレットに今どのくらいまで達成できているかを横棒グラフで表示できます。進み具合がひと目で分かるので励みになります。

目標を設定する

1. ［文字数］パレットの ⚙［設定］をクリックします。

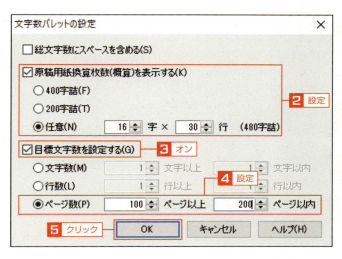

2 [原稿用紙換算枚数（概算）を表示する]で[任意]を選択し、必要に応じて規定原稿用紙の文字数を設定します。

3 [目標文字数を設定する]のチェックをオンにします。

4 目標の文字数を設定します。目標は[文字数]、[行数]、[ページ数]で設定することができます。ここでは[ページ数]を選択し、目標とするページ数を範囲で設定しています。

5 OKをクリックします。

6 目標の達成度が横棒グラフで表示されます。

4 文書を校正する

小説が完成したら、誤字脱字や作法が間違っていないか確認しましょう。一太郎には強力な文書校正機能があります。小説用の文書校正を使用すると、括弧内のくだけた表現や、擬音語・擬態語のチェックを外すなど、最適な方法で校正結果を表示してくれます。

4-1 小説用設定で文書の誤りをチェックする

用意された小説用設定で、誤字脱字や作法の間違いをチェックしましょう。誤字脱字のほかに、約物の使い方などもチェックできます。

文書校正を実行する

1. ［校正］パレットを開きます。
2. 文書校正の種類を選択します。ここでは［文書校正：小説］を選択します。
3. 実行 をクリックします。

MEMO 小説用ファンクションキーを使用していれば、F3キーでも、小説用の文書校正を実行することができます。

4. 文書校正の実行が完了したら、項目ごとの指摘個所を確認します。
5. ［ジャンプパレットに一覧を表示する］のチェックがオンになっていることを確認します。
6. 閉じる をクリックします。

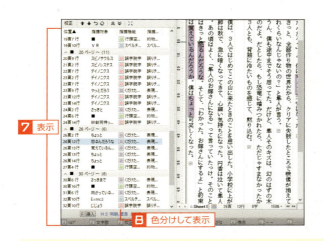

7 ジャンプパレットに指摘項目が一覧表示されます。

8 指摘の種類ごとに色が設定されており、編集画面の指摘個所も色分けして表示されます。

4-2 指摘があった個所を確認して修正する

指摘の中で、気になるものがあれば確認して間違っていれば修正しましょう。画面左側のジャンプパレットと、画面右側のツールパレットを活用して次々と修正していきます。小説なので、「自分の表現」である個所は修正せずに指摘を消去しましょう。

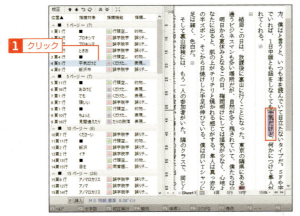

指摘個所を修正する

1 気になる指摘個所をジャンプパレットでクリックします。

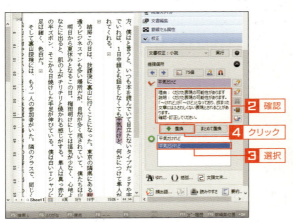

2 ［校正］パレットで、指摘された理由を確認します。

3 置換候補をクリックします。自分で入力することもできます。

4 置換 をクリックします。

MEMO 小説用の設定で校正を実行すれば、疑問符や感嘆符の後に空白がない場合や、三点リーダが偶数個セットで使われていない場合なども指摘してくれます。

 修正が反映され、正しい表現になりました。

> **MEMO** 修正したい指摘を反映したあと、[全校正マークをクリア]をクリックすると、不要な指摘はクリアされます。

Column

文書校正機能を使いやすくする

文書校正では、固有名詞を辞書登録したり、同じ語句に対して同じ指摘を表示したくないときには［以降無視］を選んだりできます。また、指摘個所を順に確認して修正したい場合は、自動的に次の指摘に移動する設定にもできます。

●固有名詞を単語登録する

会社名や商品名などの固有名詞は、辞書登録しておきましょう。 [辞書登録]をクリックし、単語の読みや品詞などを入力します。登録以降は、指摘対象から外れます。

●同じ指摘を以降無視する

校正中の文書で同じ語句に対して同じ指摘を表示したくないときには［以降無視］を選びます。その語句のみに対して指摘を無視する場合は［マーククリア］を使います。

● **自動的に次の指摘に移動する**

[オプション]をクリックし、[実行後に次のマークへ移動]をクリックしてチェックを付けます。すると、[次のマーク]ボタンを押さなくても自動的に次の指摘が表示されるので、次々に手早くチェックしていくことができます。

「文書校正の設定：小説」の内容について

文書校正は、文書の内容に応じたスタイルを選んで、実行できます。[小説]の場合には、次のような設定がされています。あえて過剰な校正をさけることで、校正作業がスムーズになります。

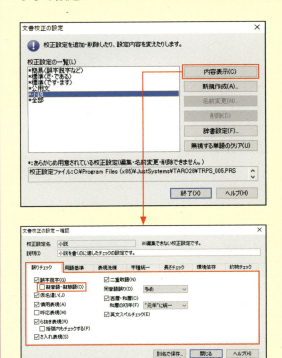

[擬音語・擬態語]のチェックはオフになっています。

［くだけた表現］の［括弧内もチェックする］のチェックはオフになっています。

三点リーダーやダッシュは偶数個にする、行頭に空白をあけるなど、「約物チェック」はしっかり行われます。

［文書校正の設定］を変更した場合には、［別名で保存］をクリックして、［校正設定名］を付けて保存しておくことができます。以降は呼び出して利用できます。

［擬音語・擬態語］がオンの場合 → オフの場合

小説の書き手によっては、複雑な擬音語・擬態語を多用する場合があるため、過剰な校正は避けています。

頻出語チェック

同じ言い回しが続くと、文章が単調になってしまいます。校正機能では頻出語のチェックもできます。頻出語チェックでは、一定の範囲に出現する語句のみをチェックします。頻出を避けたい語句と、頻出しても問題ない語句を品詞ごとに設定できます。

［ツール－文書校正－頻出語チェック］を選択します。［対象範囲］と［表示対象］を指定し、OKをクリックします。

頻出語が見つかった場合は、ジャンプパレットに一覧表示されます。クリックして語句の確認と修正を行います。

5 文書の体裁を整える

文書の体裁を整えましょう。目次を作成し、書籍タイトルや章タイトルを表記した「中扉」や、著者名や発行日の情報を入れて巻末に付ける「奥付」も作成します。さらに表紙のイメージも作っておきます。

5-1 目次を作成する

ここでは目次の行を設定します。あらかじめ段落スタイルで見出しを設定している場合には、自動で目次が設定されています。目次行を設定できたら、目次を作成します。［目次ギャラリー］を利用すれば、文書の内容に応じて最適な目次デザインを選択できます。

目次行を設定する

1 ［文書編集］パレットの［目次］をクリックします。

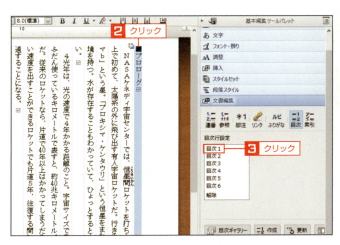

2 目次に設定したい行の行頭をクリックします。

3 ［目次1］をクリックします。

4-5 文書の体裁を整える

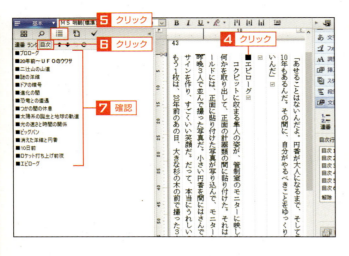

4 文書の最後まで、順に目次にしたい行をクリックします。

5 [見出し]をクリックします。

6 目次 をクリックします。

7 ジャンプパレットで、設定されている目次を確認します。

目次を作成する

1 本文（章タイトル）の先頭にカーソルを置き、[Ctrl] + [Y] キーを押して [改ページ] を実行します。

2 [文書編集] パレットの [目次] で、 目次ギャラリー をクリックします。

③ [目次ギャラリー]では、用途に応じたデザインを選択できます。

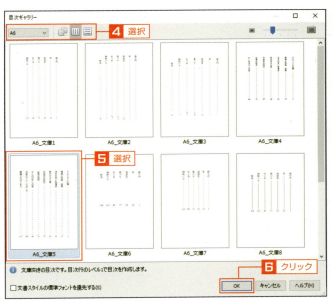

④ ここでは[A6]サイズ、[縦組]を選択します。

⑤ 使いたいデザインを選択します。

⑥ OKをクリックします。

⑦ 目次の挿入位置をクリックします。

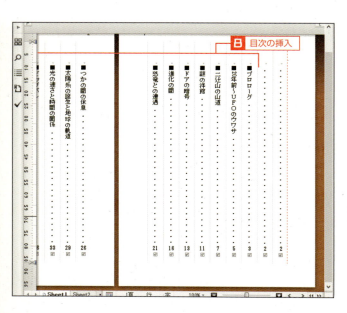

8 目次が挿入されるので、確認します。

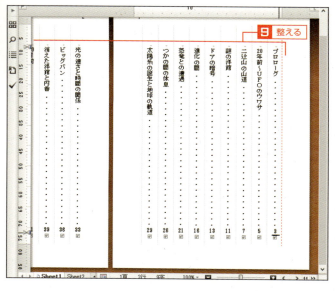

9 不要な文字を削除するなどして、整えます。

中扉や奥付を設定する

中扉は、書籍のタイトルや章タイトルなどを1ページ分使って表示します。奥付は、著者名や発行日の情報を入れて巻末に付けるのが一般的です。あらかじめ［書籍編集］パレットを表示しておくと、作成しやすくなります。

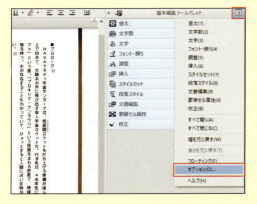

● ［書籍編集］パレットを表示する

ツールパレットの［メニュー］をクリックし、［オプション］を選択します。

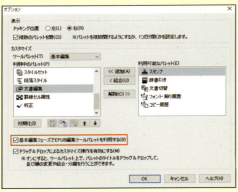

［基本編集フェーズでEPUB編集ツールパレットを利用する］のチェックをオンにし、OKをクリックします。

● 中扉を設定する

［書籍編集］パレットの中扉をクリックします。

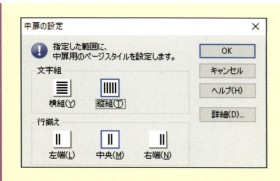

中扉の書式を設定します。ここではそれぞれ、[縦組]、[中央]を選択しています。OKをクリックします。

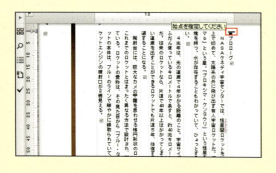

中扉に設定したい行の範囲を指定します。

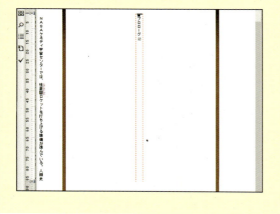

中扉が作成されます。

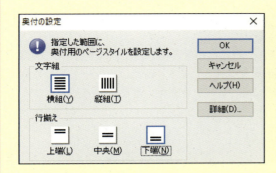

●奥付を設定する

［書籍編集］パレットの 奥付 をクリックします。［文字組］と［行揃え］をそれぞれ選択して、 OK をクリックします。

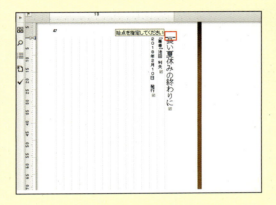

奥付にしたい行の範囲を指定します。

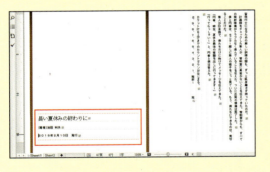

奥付が作成されます。

5-2 表紙を作成する

「表紙ギャラリー」には、デザインされた表紙サンプルが豊富に用意されています。小説やビジネス書、広報誌向けなどジャンル別になっており、適したものを見つけられます。表紙は別シートとして追加されるので、電子書籍を作成する際には、EPUB保存時にそのシートを指定します。

サンプルから表紙デザインを選ぶ

1. ［書籍編集］パレットの 表紙ギャラリー をクリックして、表紙ギャラリーを開きます。

   ［表紙ギャラリー］ダイアログボックスが開くので、まずはカテゴリと用紙サイズを選択します。ここでは［カテゴリ］で［書籍－小説］を、用紙サイズで［A6］を選択しています。

3. デザインを選択します。

4. 追加 をクリックします。

表紙デザインを編集する

1. ［表紙］シートをクリックして表紙を表示します。

2. 見出しの文字を選択したら、Delete キーを押して、削除します。

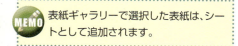

MEMO 表紙ギャラリーで選択した表紙は、シートとして追加されます。

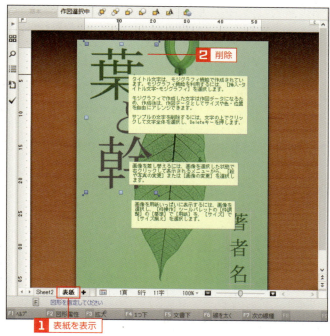

3 [挿入] パレットの [モジグラフィ] をクリックします。

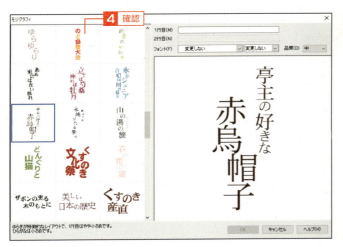

4 書籍のタイトル文字に適したさまざまなスタイルが用意されています。

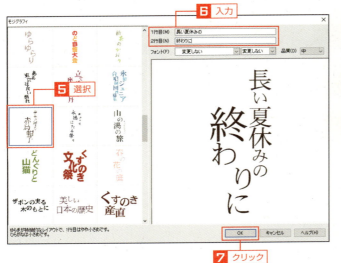

5 タイトルのデザインを選択します。

6 タイトルの文字を入力します。

7 OK をクリックします。

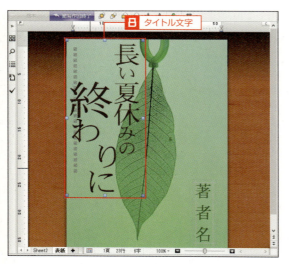

8 タイトル文字が挿入されました。ドラッグして位置を調整します。周囲の■をドラッグすると、サイズを調整できます。

9 著者名の枠内をクリックし、著者名を変更します。

10 タイトル文字をドラッグしたり、著者名の文字サイズを変更するなどして、バランスを調整します。

6 さまざまな方法でアウトプットする

完成した書籍は、自分で冊子を作ったり、印刷会社に印刷を依頼したりすることができます。さらにウェブ小説として投稿したり、電子書籍として公開することもできます。アウトプットナビの機能を活用しましょう。

6-1 アウトプットナビから出力する

アウトプットナビを利用すれば、作成したオリジナル小説を印刷して冊子形式にしたり、印刷所に入稿する方法を確認したりできます。

冊子を作成する

1. ツールバーの [アウトプットナビ] をクリックします。

2. [冊子作成] を選択します。中とじ本や折り本を作ることができる体裁で、出力することができます。

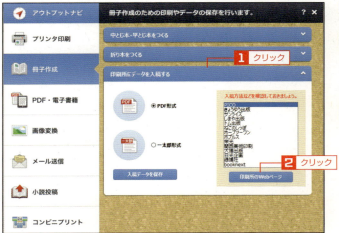

印刷所にデータを入稿する

1. 印刷所にデータを入稿するときには、[印刷所にデータを入稿する] を選択します。

2. 印刷所を選択して、ウェブページで情報を確認できます。

小説投稿サイト向けにテキストを保存する

1. [小説投稿]をクリックします。
2. 小説投稿サイトに適した形式を選択できます。

6-2 電子書籍として保存する

電子書籍のEPUB形式で保存できます。アマゾンのKindleに対応した形式も用意されています。公開する場所に応じた形式を選択しましょう。電子書籍形式で保存する際、文字がメインである小説はリフロー型を選びます。電子書籍形式で保存する前に、一太郎形式でも保存しておきましょう。

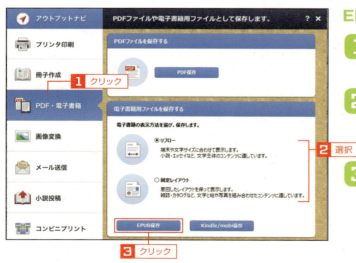

EPUB形式で保存する

1. アウトプットナビの[PDF・電子書籍]をクリックします。
2. 電子書籍の表示方法を選びます。ここでは[リフロー]を選択しています。
3. 公開先に応じたファイル形式を選択します。ここでは、EPUB保存をクリックしています。
4. 表紙など、複数シートがある場合に表示されます。ここでははいをクリックします。

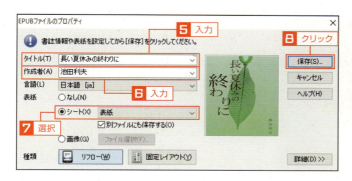

5 タイトルを入力します。

6 作成者を入力します。

7 表紙を選択します。ここでは[表紙]シートを選択しています。別途用意した画像を指定することも可能です。

8 [保存]をクリックします。

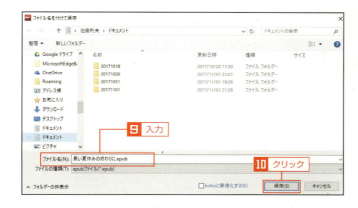

9 ファイル名を入力します。

10 [保存]をクリックします。

11 EPUB形式のファイルが作成されます。

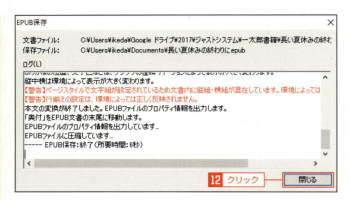

12 EPUBで再現できない書式が含まれる場合、保存の際に警告されます。確認したら、閉じるをクリックします。

13 EPUBファイルを表示可能なアプリなどで確認します。

HINT 電子書籍には2種類ある

電子書籍には、「リフロー」と「固定レイアウト」の2種類があります。

リフロー型では、電子書籍リーダーのサイズに合わせて、レイアウトが自動的に変わります。また、文字サイズを変更するなど、電子書籍リーダーの機能を使って読みやすさを調整することができます。ただし、一太郎で設定した書式の中には再現されないものがあります。

固定レイアウトでは、一太郎で作成したページが画像として保存されます。そのため、パソコンの画面で表示された見た目がそのまま再現されます。

一太郎では、「リフロー」と「固定レイアウト」のいずれかを選んで、電子書籍データを保存することができます。

● リフローの特徴

小説論文など、文字がメインの電子書籍に適しています。組み文字や均等割付など、再現されない書式があります。また、レイアウトが崩れる場合があります。

● 固定レイアウトの特徴

図版を多用している場合や、レイアウトが複雑な電子書籍に適しています。電子書籍リーダーの機能で、文字サイズなどの表示方法を変更することはできません。

第5章 作例編
サークルの会報を作ってみよう

サークルの会報を作ってみましょう。3段組の文書スタイルに、タイトル文字や写真、イラスト、レイアウト枠などを挿入します。テンプレートやサンプルが豊富に用意されているので、それらをベースにしてちょっとしたアレンジを加えれば、短時間でオリジナリティの高い会報が作成できます。

5-1 会報

文書スタイルを設定する

操作の流れ

1. 文書スタイルを設定する
2. モジグラフィを挿入する
3. POP文字を挿入する
4. 写真を挿入する
5. イラストを挿入する
6. 図形を挿入する
7. 段落スタイルを設定する
8. レイアウト枠を挿入する
9. イラストを挿入して背景を取り除く

完成

1 文書スタイルを設定する

用紙サイズや文字組など、用途に合ったレイアウトを一発で選択できる「きまるスタイル」を利用します。選択後、ページ全体に囲み枠を設定したり、ヘッダを挿入したりして会報のテイストにします。

1-1 「きまるスタイル」でスタイルを設定する

「きまるスタイル」を利用すれば、用紙サイズや用紙の向き、段組などをまとめて設定することができます。そのまま利用しない場合でも、いちから文書スタイルを設定するより、「きまるスタイル」で近いスタイルを選んでから微調整するほうが短時間で整ったスタイルにすることができます。

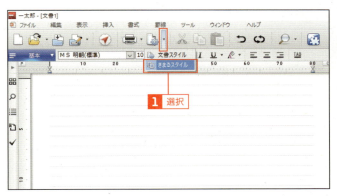

「きまるスタイル」を設定する

1 ツールバーの [用紙や字数行数の設定（文書スタイル）] の右にある ▼ をクリックして、[きまるスタイル] を選択します。

2 [きまるスタイル] ダイアログボックスが開くので、カテゴリーから [会報・チラシ] を選択します。

5-1 文書スタイルを設定する

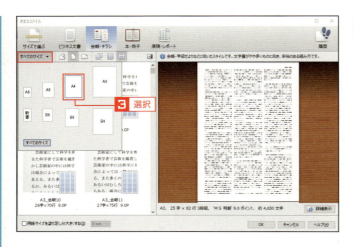

3 ［すべてのサイズ▼］をクリックし、［A4］を選択します。

4 用紙の方向で［縦方向］を選択します。

5 文字組で［横組］を選択します。

6 ［A4_会報5］を選択します。

7 ［OK］をクリックします。

8 3段組の文書スタイルが設定されました。

1-2 「文書スタイル」でスタイルを微調整する

きまるスタイルで設定したあと、細かい部分を微調整します。ヘッダを挿入したり、文書全体に囲み線を設定したりして、会報風のスタイルにしましょう。

文書スタイルを微調整する

1 ツールバーの [用紙や字数行数の設定（文書スタイル）] をクリックします。

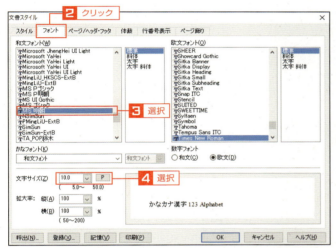

2 [フォント] タブをクリックします。

3 [和文フォント] で [MS 明朝] を選択します。

4 [文字サイズ] で [10.0] P を選択します。

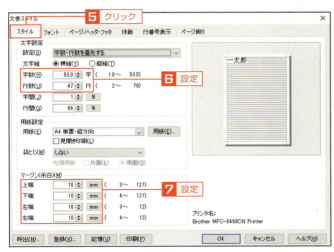

5 [スタイル] タブをクリックします。

6 [字数] を [53.0] 字に、[行数] を [47] 行に設定します。

7 [マージン] をすべて [10] mm に設定します。

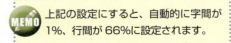

MEMO 上記の設定にすると、自動的に字間が 1%、行間が 66%に設定されます。

囲み線を設定する

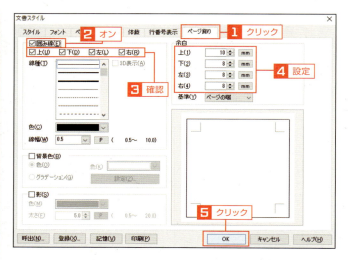

1. [ページ飾り] タブをクリックします。

2. [囲み線] のチェックをオンにします。

3. 上下左右すべてのチェックがオンになっていることを確認します。

4. [余白] の [上] を [10] mm に、それ以外の3カ所を [8] mm に設定します。

5. OK をクリックします。

ヘッダを挿入する

1. [ファイル－文書スタイル－ヘッダ・フッタ] を選択します。

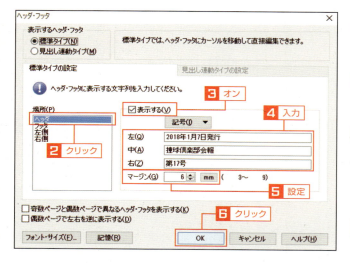

2. [場所] で [ヘッダ] をクリックします。

3. [表示する] のチェックをオンにします。

4. [左] [中] [右] に文字を入力します。ここでは左に発行日、中に会報名、右に号数を入力しています。

5. [マージン] を [6] mm に設定します。

6. OK をクリックします。

表示倍率や編集画面タイプを切り替える

画面の解像度や操作する内容に応じて、表示倍率や編集画面タイプを切り替えて効率良く操作しましょう。以降の解説ページでは、状況に合わせて倍率や画面タイプを切り替えて説明しています。

●表示倍率を切り替える

［表示倍率］をクリックすると倍率の選択肢が一覧表示されるので、ここから適切な倍率を選択します。細かい操作をするときは［用紙幅］、全体を確認したいときは［用紙全面］がおすすめです。

●マージンの表示／非表示を切り替える

マージンも表示したいときは、上部にカーソルを移動し、ハシゴのようなマークに変わったらクリックします。再度クリックするとマージンが非表示になります。

●編集画面タイプ

［編集画面タイプ切替］をクリックし、［印刷イメージ］を選択すると、枠線や改行マークが非表示となり、より完成に近いイメージを確認できます。この画面では編集が可能です。

2 アート文字を挿入する

「モジグラフィ」や「POP文字」機能を使って、アート文字を入れてみましょう。「モジグラフィ」は、ポスターやチラシのタイトル、書籍の表紙などに配置すると、品質の高い作品になります。POP文字は、大見出しに利用してみましょう。

2-1 モジグラフィでアート文字を入力する

会報の左上に挿入するタイトルとして適したサンプルを選び、文字を入力します。横書き／縦書き、行書体／ポップな書体、ランダムな傾きや揺らぎ、1文字ずつ色を変えてあるものなど、さまざまなデザインを施したサンプルが豊富に用意されています。

モジグラフィを挿入する

1 用紙の左上にカーソルを置きます。

2 [挿入] パレットの [モジグラフィ] をクリックします。

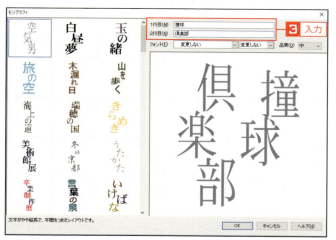

3 [モジグラフィ] ダイアログボックスの [1行目] と [2行目] に文字を入力します。

 サンプルからイメージに近いデザインを選択します。ここでは、2行の横書きのものから選んでいます。

 [OK] をクリックします。

HINT フォントの種類や色も設定できる

[モジグラフィ] ダイアログボックスでは、フォントの種類や色も変更できます。サンプルを選んだあと、好みのフォントの種類や色を選びます。

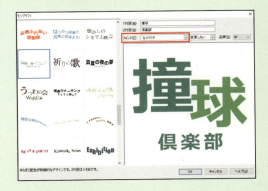

● フォントの種類を変更する
フォントを変更すると、プレビュー画面に即座に反映されます。

● フォントの色を変更する
色もすぐに反映されます。文字に複数の色が使われているサンプルでフォントの色を変更すると、すべての文字が選んだ色になります。1文字ずつ色を変えたい場合は、モジグラフィを挿入後、文字の合成が解除されている状態で変更します。

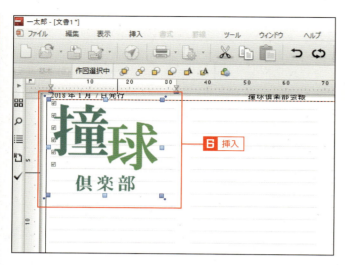

6 モジグラフィが挿入されます。

> **MEMO** 挿入後は、文字を変更することはできません。変更したい場合は、もう一度[モジグラフィ]ダイアログボックスを開いて入力し直します。色や大きさ、傾きなどは挿入してからも変更できます。

モジグラフィを合成する

1 モジグラフィが選択された状態で［選択図形の操作］パレットの ［図形合成（合成）］をクリックします。

HINT 選択を解除してしまった場合

モジグラフィを挿入後、モジグラフィ以外の場所をクリックすると選択が解除されます。選択を解除してしまうと、1文字ずつしか選択できなくなります。その場合はまず任意の1文字選択し、[Ctrl]キーを押しながら残りの文字を1つずつ選択していき、［図形合成（合成）］をクリックして合成します。

2-2 モジグラフィをアレンジする

挿入したモジグラフィは、図形データとして扱えるようになります。平体（横長）や長体（縦長）にしたり傾けたり、透明度を設定したりと、個別にアレンジできます。文字列をまとめて調整したい場合は、図形を合成（グループ化）してひとまとまりで扱えるようにします。

大きさと位置を調整する

1 モジグラフィをクリックして選択します。

2 モジグラフィをドラッグして位置を、周囲の■をドラッグして全体の大きさを調整します。

> **MEMO** デザインが確認しやすいよう、169ページの要領で画面タイプを［印刷イメージ］にしています。

> **MEMO** モジグラフィの縦横比を変えずに拡大縮小したい場合は、Shift キーを押しながら■をドラッグします。

合成を解除してパーツに分ける

1 大きさと位置がおおよそ決まったら［選択図形の操作］パレットで ［図形合成（解除）］をクリックします。

> **MEMO** これで挿入直後と同様に、1文字1文字が別のパーツになりました。

文字の大きさや傾きを個別にアレンジする

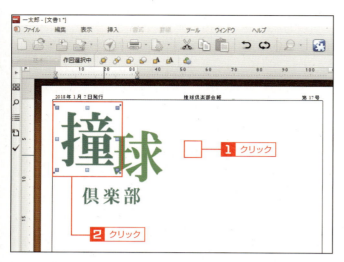

1 いったん別の場所をクリックします。

2 アレンジしたい文字をクリックします。ここでは「撞」をクリックしています。

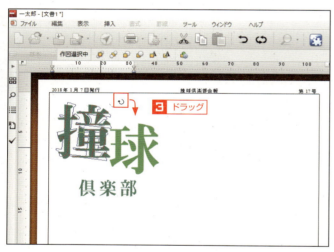

3 文字の四隅の●をドラッグすると、回転できます。ここでは、右上の●を時計回りにドラッグしています。

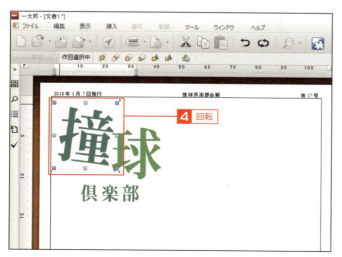

4 文字が右に傾きました。

 ほかの文字も、傾きや大きさを調整し、全体のバランスを整えます。

HINT 線の色や塗りつぶしの色、パターンも設定できる

モジグラフィは図形として扱われるため、図形と同様に枠線を付けたり、塗りつぶしの色やパターンを設定したりできます。

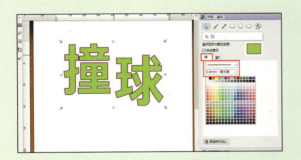

●枠線を付ける

文字を選択した状態で［作図−線］パレットの［線］タブをクリックし、線の種類や太さ、色などを設定します。

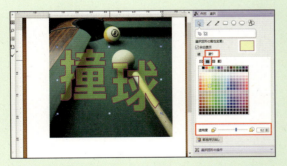

●透明度を設定する

［塗り］タブを選択し、カラーパレットから色を選択します。［透明度］のスライダーを右にドラッグすると、透明度の設定も可能です。

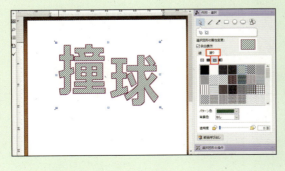

●パターンやグラデーションを設定する

［塗り］タブで［パターン］または［グラデーション］を選択し、パターンを選びます。

再び合成して
バランスを確認する

1 任意の1文字をクリックして選択します。

2 Ctrlキーを押したまま、残りの文字を1つずつ選択していきます。

3 ［選択図形の操作］パレットの ［図形合成（合成）］をクリックします。

> **MEMO** これで合成できました。すべての文字が1つの図形としてまとめて扱えるようになります。合成と解除をうまく使って、個別のアレンジと全体のバランスを整えていきましょう。

2-3 POP文字を挿入する

大見出しには、POP文字を利用します。POP文字は、豊富なテンプレートから選択するだけでなく、それをベースにしてフチ取りや影などの効果を細かく調整することができます。

サンプルを選択する

1. POP文字を挿入したい位置にカーソルを置きます。

2. ［挿入］パレットの 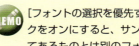 ［POP文字を作成］をクリックします。

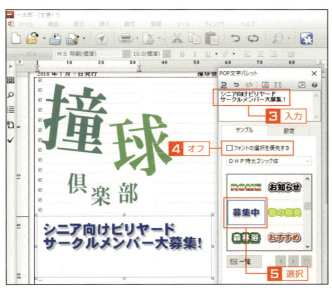

3. POP文字パレットが表示されるので、大見出しの文字を入力します。

4. ［フォントの選択を優先する］のチェックをオフにします。

5. サンプルの一覧から使用したいデザインを選択します。

> **MEMO** ［フォントの選択を優先する］のチェックをオンにすると、サンプルに設定してあるものとは別のフォントを使用することができます。

POP文字を調整する

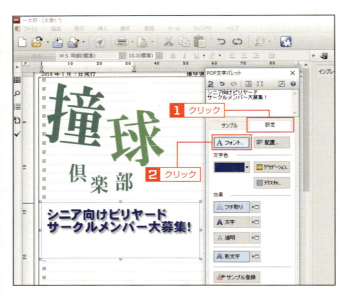

1. ［設定］タブをクリックします。

2. [フォント] ［フォントや文字サイズの設定］をクリックします。

3. ［文字サイズ］で［指定］を選択し、[22.0] Pに設定します。

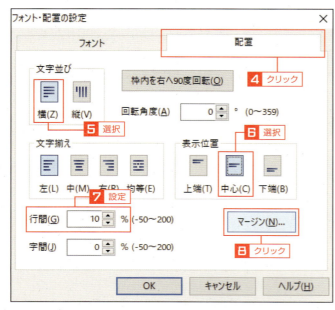

4. ［配置］タブをクリックします。

5. ［文字並び］で［横］を選択します。

6. ［表示位置］で［中心］を選択します。

7. ［行間］を[10]％に設定します。

8. マージン をクリックします。

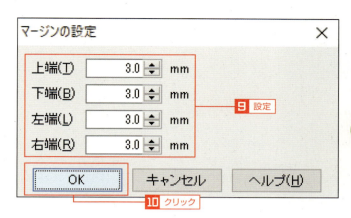

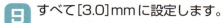 すべて[3.0]mmに設定します。

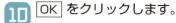 [OK]をクリックします。

> **MEMO** [フォント・配置の設定]ダイアログボックスに戻るので、[OK]で閉じ、[終了]をクリックしてPOP文字パレットも閉じます。

枠の基準を変更する

  [枠操作]パレットの[枠の基準]で[固定]を、[文字よけ]で[配置しない]を選択します。

> **MEMO** POP文字枠が選択されていない場合は、クリックしてから操作します。

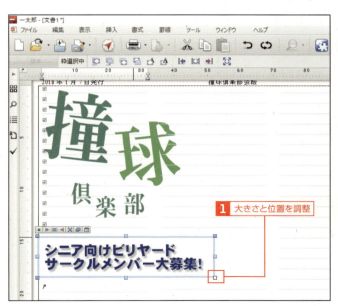

枠の大きさを変更する

  枠の右下の□を、[Ctrl]キーを押しながらドラッグします。

> **MEMO** [Ctrl]キーを押しながらドラッグすると、枠の縦横の比率を自由にサイズ変更することができます。

> **MEMO** 挿入したPOP文字を編集したい場合は、POP文字枠をダブルクリックします。

HINT POP文字に枠飾りを付ける

POP文字枠には、枠飾りを付けることができます。枠飾りには、あらかじめいくつかのサンプルが用意されています。このサンプルを基に、アレンジすることも可能です。

●サンプルから枠飾りを選択する

POP文字枠をクリックして選択し、[枠飾り]パレットの一覧から好みのデザインを選択します。

●サンプルを基にアレンジする

枠飾りを設定した状態で [飾り追加] をクリックします。

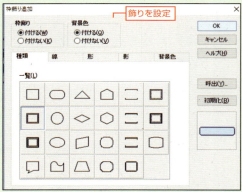

[枠飾り追加] ダイアログボックスが開くので、種類や線、形、背景色などを設定します。[OK]をクリックし、枠飾りの名前を付けて登録します。

オリジナルの枠飾りが設定できます。

3 写真やイラストを挿入する

写真やイラストを挿入して伝わりやすく見やすい会報にしましょう。ここでは、自分で用意した写真と、一太郎に収録されているイラストを挿入します。自由な位置に配置するために、枠の基準を変更するのがポイントです。

3-1 写真を挿入する

自分で用意した写真を2点挿入します。1点はトリミングして説明文を付け、もう1点は型抜きをして誌面に変化を付けます。

写真を挿入する

1. 写真を挿入したい位置にカーソルを置きます。

2. [挿入] パレットの [絵や写真の挿入] をクリックします。

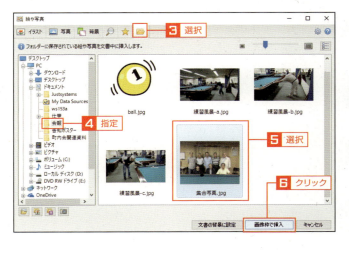

3. [絵や写真] ダイアログボックスの [フォルダーから] を選択します。

4. 左側で写真を保存しているフォルダーを指定します。

5. 右側で挿入したい写真を選択します。

6. [画像枠で挿入] をクリックします。

枠の基準を変更する

1 写真が挿入されます。

2 [枠操作] パレットの [枠の基準] で [固定] を、[文字よけ] で [配置しない] を選択します。

> **MEMO** [枠の基準] を [固定] にすることにより、ページ内の自由な位置に枠を配置することができるようになります。

写真をトリミングする

1 [画像枠の操作] パレットの [トリミング] をクリックします。

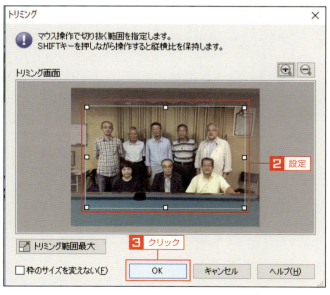

2 [トリミング] ダイアログボックスで、表示したい範囲を設定します。

3 OK をクリックします。

大きさと位置を調整する

1. 周囲の■をドラッグして大きさを調整し、枠をドラッグして位置を調整します。

写真に説明文を付ける

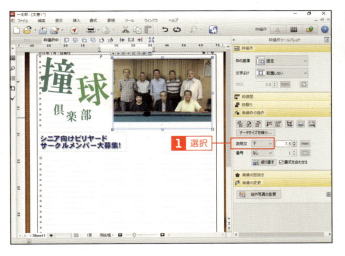

1. ［画像枠の操作］パレットの［説明文］から［下］を選択します。

2. 写真の下部に文字入力領域が現れるので、その枠内をクリックして写真の説明文を入力します。

写真を型抜きする

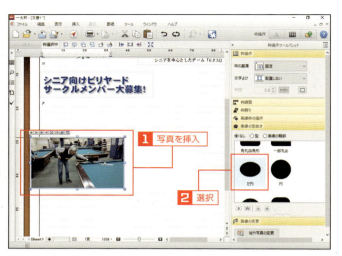

1 181～182ページの要領でもう1点の写真を挿入し、枠の基準を変更します。

2 [画像の型抜き] パレットで、型を選択します。ここでは、だ円を選択しています。

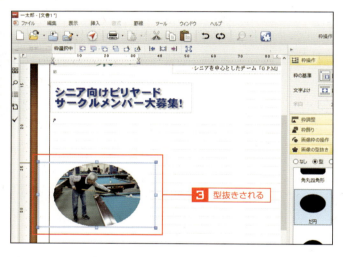

3 写真が型抜きされます。

HINT 写真のデータサイズを縮小する

データサイズを縮小することにより、ファイルサイズを小さくできます。[画像枠の操作] パレットの をクリックし、解像度を設定します。画質が低下したと感じた場合はツールバーの ↷ [取り消し] をクリックして操作前の状態に戻し、解像度を高めに設定し直します。

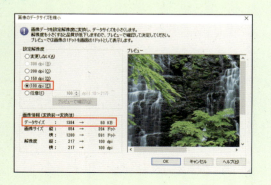

3-2 イラストを挿入する

飾り罫やアクセントになるイラストを挿入しましょう。用意されているイラストはジャンル分けされているので、探しやすくなっています。よく使うイラストは、お気に入りに登録しておくと便利です。

イラストを挿入する

1. イラストを挿入したい位置にカーソルを置きます。

2. [挿入] パレットの  [絵や写真の挿入] をクリックします。

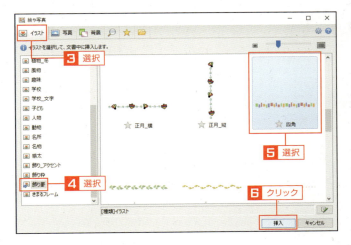

3. [絵や写真] ダイアログボックスの [イラスト] タブを選択します。

4. 左側でイラストの分類を選択します。ここでは [飾り罫] を選択しています。

5. 右側で挿入したいイラストを選択します。ここでは [四角] を選択しています。

6. [挿入] をクリックします。

枠の基準を変更する

1. イラストが挿入されます。

2. [枠操作] パレットの [枠の基準] で [固定] を、[文字よけ] で [配置しない] を選択します。

大きさと位置を調整する

① 枠の周囲の■をドラッグしてサイズを調整し、枠をドラッグして位置を調整します。

② 同様の手順でもう1点イラストを挿入します。ここでは、[飾り_アクセント]の[矢印]を挿入しています。

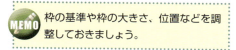

枠の基準や枠の大きさ、位置などを調整しておきましょう。

 お気に入りに登録する

気に入った写真やイラストは、お気に入りとして登録することができます。次回以降、同じアイテムを選択する際に手間が省けて便利です。

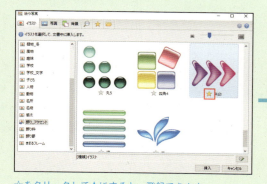

☆をクリックして★にすると、登録できます。

★[お気に入り]タブをクリックすると、登録したアイテムが表示されます。

3-3 図形を挿入する

簡易作図機能を使って図形を描きます。簡易作図では、線や四角形、円だけでなく直方体や吹き出し図形など、用意されたテンプレート図形を描くこともできます。ここでは、円を挿入してグラデーションを施し、モジグラフィの背面に配置します。

円を描く

1. ツールバーの [簡易作図開始／終了] をクリックします。

2. 簡易作図モードになります。[円] を選択します。

3. [円（正円）] を選択します。

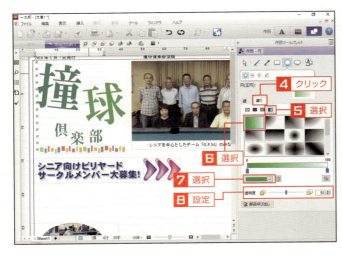

4. [塗り] タブをクリックします。

5. [グラデーション] を選択します。

6. パターンを選択します。ここでは左上を選んでいます。

7. 色を選択します。ここでは緑を選んでいます。

8. 透明度を設定します。ここでは50％に設定しています。

5-3 写真やイラストを挿入する

9 [線] タブをクリックします。

10 [なし] を選択します。

11 描きたい大きさをドラッグします。

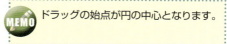
MEMO ドラッグの始点が円の中心となります。

12 円が描けました。

図形を調整する

1. [選択]を選択します。

2. 図形をクリックすると、選択状態になります。

3. 円をドラッグして適切な位置に移動し、四隅の■をドラッグして大きさを調整します。

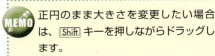

> **MEMO** 正円のまま大きさを変更したい場合は、Shiftキーを押しながらドラッグします。

4. 円を右クリックし、メニューから[最も下]を選択します。

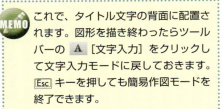

> **MEMO** これで、タイトル文字の背面に配置されます。図形を描き終わったらツールバーの A [文字入力]をクリックして文字入力モードに戻しておきます。Escキーを押しても簡易作図モードを終了できます。

4 小見出しやレイアウト枠のスタイルを設定する

本文を入力し、小見出しには段落スタイルを設定します。また、本文とは異なるスタイルの囲み情報を入れたいときは、レイアウト枠を使用します。レイアウト枠は、背景や枠飾りを付けることができます。

4-1 本文の見出しに段落スタイルを設定する

本文を入力し、見出しに段落スタイルを設定します。任意の1つに段落スタイルを設定すれば、ほかの見出しはワンクリックで同じ飾りを付けることができます。また、あとで変更したい場合も、まとめて一気に反映できて便利です。

本文を入力する

1 本文を入力します。

MEMO レイアウト枠を挿入することを想定して、本文量は少なめにしておきましょう。

見出しに段落スタイルを設定する

1 任意の見出しの行にカーソルを置きます。

2 [段落スタイル]パレットの[小見出し]をクリックします。

3 カーソルのある段落に［小見出し］の段落スタイルが設定されます。

 ほかの小見出しにも段落スタイルを設定しておきましょう。

スタイルを変更する

1 ［小見出し］の段落スタイルを設定したいいずれかの行にカーソルを置きます。

2 スタイル変更 をクリックします。

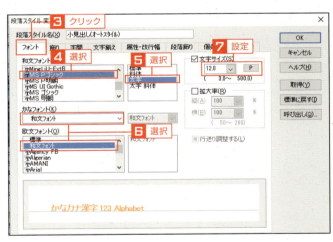

3 ［フォント］タブをクリックします。

4 ［和文フォント］で［MS Pゴシック］を選択します。

5 ［太字］を選択します。

6 ［かなフォント］と［欧文フォント］で［和文フォント］を選択します。

7 ［文字サイズ］を［12.0］Pに設定します。

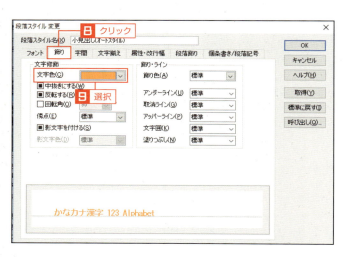

8 [飾り]タブをクリックします。

9 [文字色]で色を選択します。ここでは濃いめのオレンジを選んでいます。

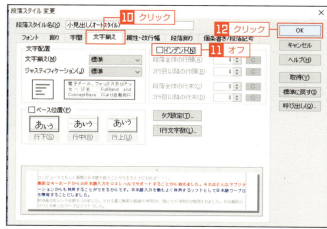

10 [文字揃え]タブをクリックします。

11 [インデント]のチェックをオフにします。

12 OK をクリックします。

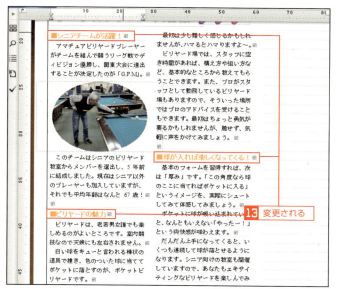

13 見出しのスタイルがまとめて変更されます。

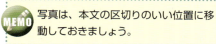
写真は、本文の区切りのいい位置に移動しておきましょう。

4-2 レイアウト枠を挿入する

本文とは異なる囲み情報を入れるため、横書きのレイアウト枠を挿入します。レイアウト枠は、作成時に縦組／横組が選択でき、文書中の任意の位置に配置することができます。

横組みのレイアウト枠を挿入する

1. レイアウト枠を挿入したい位置にカーソルを置きます。

2. [挿入]パレットを開き、[レイアウト枠（横組）]をクリックします。

3. カーソル位置にレイアウト枠が挿入されます。

枠を調整する

1. 枠線上をクリックして枠を選択します。

2. [枠操作]パレットの[枠の基準]で[固定]を、[文字よけ]で[配置しない]を選択します。

5-4 小見出しやレイアウト枠のスタイルを設定する

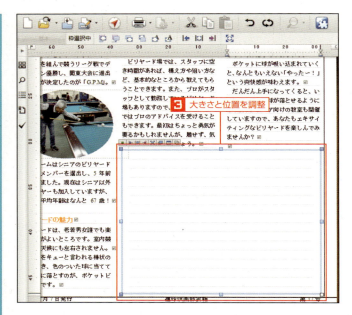

3 枠の周囲の■をドラッグして大きさを、枠線上をドラッグして位置を調整します。

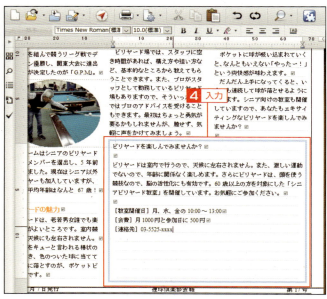

4 レイアウト枠内に文字を入力します。

> **HINT　枠を移動していたら写真が画面から消えた**
>
> レイアウト枠を大きくするなどレイアウト調整の途中で、文字枠や写真が画面から消えてしまうことがあります。そんな場合は、次のページを確認してみましょう。枠を大きくすることによって1ページ内に収まりきらず、写真などの枠が2ページ目に送られてしまうことがあります。レイアウト枠の大きさを調整したり文字数を減らすなどして調整し、写真の位置を戻しましょう。
> また、枠の下に隠れてしまうこともあります。枠を一度別の位置に移動して確認してみましょう。

4-3 レイアウト枠に背景と書式を設定する

レイアウト枠に、背景と書式を設定します。書式は、文字サイズやマージンなどを自由に設定できます。設定する背景によってマージンの幅を決めたほうがバランスがとりやすいので、先に背景を設定します。

背景を設定する

1. レイアウト枠の枠線上をクリックして選択状態にします。

2. ［レイアウト枠の操作］パレットの ［設定］をクリックします。

3. ［絵や写真］ダイアログボックスが開くので、［背景］タブが選ばれていることを確認して、左の一覧から種類を選択します。ここでは［コラム_カラフル］を選択しています。

4. 右の一覧から背景デザインを選択します。ここでは［カラフル32］を選択しています。

5. ［枠の背景に設定］をクリックします。

195

5-4 小見出しやレイアウト枠のスタイルを設定する

スタイルを変更する

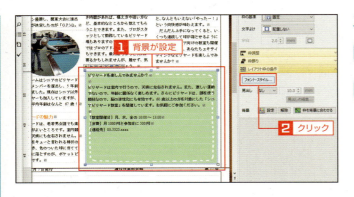

1. 枠に背景が設定されました。

2. レイアウト枠を選択したまま、[レイアウト枠の操作]パレットの フォント・スタイル... をクリックします。

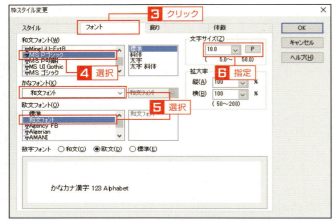

3. [フォント]タブをクリックします。

4. [和文フォント]で[MS Pゴシック]を選択します。

5. [かなフォント]と[欧文フォント]で[和文フォント]を選択します。

6. [文字サイズ]を[10.0]Pに指定します。

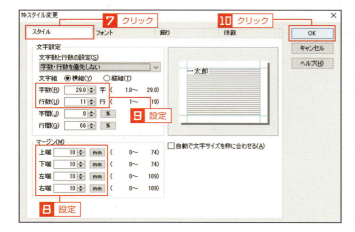

7. [スタイル]タブをクリックします。

8. [マージン]の上端、下端、左端、右端をすべて[10]mmに設定します。

9. [字数]を[29.0]字、[行数]を[11]行に設定します。

10. OK をクリックします。

> **MEMO** レイアウト枠の大きさによって設定できる字数や行数は変動します。字間が0～1%、行間が60～70%程度になるように設定しましょう。

個別にフォントを設定する

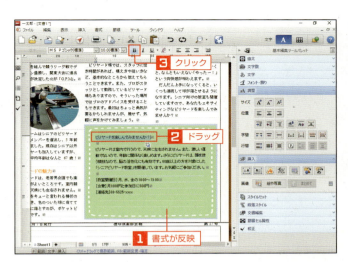

1 レイアウト枠内の文字に書式が反映されます。

2 個別に変更したい文字をドラッグして範囲指定します。

3 **B** [太字] をクリックします。

4 [調整] パレットの [文字サイズ大きく] を何回かクリックします。

5 個条書きの部分も同様にして太字を設定し、文字サイズを少し大きくします。

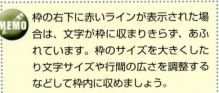

MEMO 枠の右下に赤いラインが表示された場合は、文字が枠に収まりきらず、あふれています。枠のサイズを大きくしたり文字サイズや行間の広さを調整するなどして枠内に収めましょう。

第5章 作例編 サークルの会報を作ってみよう

197

4-4 イラストの背景を取り除いてレイアウト枠に配置する

イラストや写真は、不要な背景を取り除いて必要な部分だけを残すことができます。ここでは、背景の白い部分を取り除くことによって、レイアウト枠に設定した背景の邪魔をすることなくイラストを配置しています。

イラストを挿入する

1. レイアウト枠の外にカーソルを置きます。

2. ［挿入］パレットの ［絵や写真の挿入］をクリックします。

3. ［絵や写真］ダイアログボックスの ［フォルダーから］を選択します。

4. 左側でイラストを保存しているフォルダーを指定します。

5. 右側で挿入したいイラストを選択します。

6. ［画像枠で挿入］をクリックします。

> **MEMO** ここでは、自分で用意した JPG 形式のイラストを挿入しています。一太郎に収録されているイラストの場合は、あらかじめ背景が切り抜かれている場合がほとんどです。

枠の基準を変更する

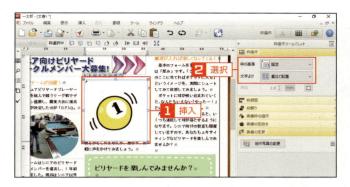

1 イラストが挿入されます。

2 [枠操作] パレットの [枠の基準] で [固定] を、[文字よけ] で [重ねて配置] を選択します。

イラストの背景を取り除く

1 [画像枠の操作] パレットの [写真切り抜き] をクリックします。

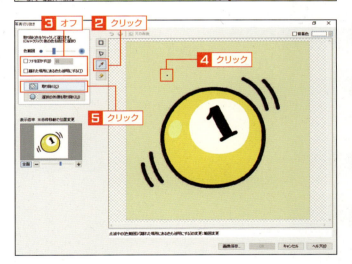

2 [色を指定して取り除く] をクリックします。

3 [フチをぼかす] と [離れた場所にある色も透明にする] のチェックをオフにします。

4 イラストの不要な部分をクリックします。

5 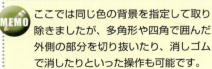 [取り除く] をクリックします。

> **MEMO** ここでは同じ色の背景を指定して取り除きましたが、多角形や四角で囲んだ外側の部分を切り抜いたり、消しゴムで消したりといった操作も可能です。

6 背景が取り除けました。

7 OK をクリックします。

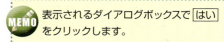

表示されるダイアログボックスで はい をクリックします。

8 背景の白い部分が取り除かれました。

9 レイアウト枠の中に移動し、大きさを整えます。

第6章 応　用　編
一太郎2018を使いこなそう

この章では、一太郎2018の便利な機能を、書き始めから印刷まで網羅して解説。編集や閲覧がしやすいように表示を変更したり、罫線や図をスマートに使って分かりやすい書類を作成したりと、知っておくとできることの幅が広がります。自分好みに使いやすく変更できるオプションの設定も紹介しています。

6-1 【表示】オーダーメイドで操作環境をカスタマイズする

自分の好みに合わせて画面や操作環境をカスタマイズできます。手早くオーダーできる[かんたんオーダー]、とことんこだわりたい人向けの[こだわりオーダー]があります。

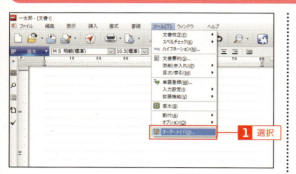

1 [ツール－オーダーメイド]を選択します。

2 [かんたんオーダー]か[こだわりオーダー]かを選びます。

 この画面は、一太郎の初回起動時にも表示されます。

【かんたんオーダー】
●使いこなし

いろいろな機能で多様な文書を作る方におすすめです。

●シンプル

ツールバーを縦型に配置するなど、編集画面を広く使えます。メニューは、基本機能に絞った「シンプルメニュー」になります。

●もの書き

バーやパレットを非表示にし、文章の入力や編集に集中しやすい画面です。小説などの執筆におすすめです。

● **くっきり**

↓

ツールバーや行間ラインなどのコントラストを強めた画面デザインです。

【こだわりオーダー】

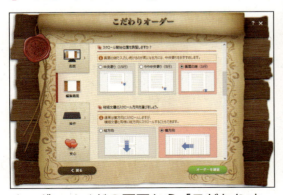

オーダーメイドの画面から［こだわりオーダー］を選択すると、この画面が表示されます。好みの設定を選んでいきます。

● **画面の背景にネームを表示**

1. こだわりオーダーの画面で［編集画面］を選択します。

2. 好みの背景デザインを選択します。

3. ［ネームを入れる］を選択し、表示したい名前を入力します。

4. オーダーを確認 をクリックします。

5. 背景デザインが変更され、ネームが表示されます。

第6章 応用編 一太郎2018を使いこなそう

203

6-2 【表示】作業フェーズを切り替える

編集や閲覧など、作業の目的に合わせて作業フェーズを切り替えられます。フェーズは「エディタ」「アウトライン」「基本編集」「提出確認」「ビューア」の5種類があります。

メニューから切り替える

1. [作業フェーズの変更]をクリックします。
2. メニューが表示されるので、作業フェーズ名を確認して切り替えます。

HINT 作業フェーズに関する設定

[作業フェーズの変更]をクリックして[作業フェーズ設定]をクリックします。開くダイアログボックスで、[利用する作業フェーズ]のチェックをオフにすると、作業フェーズの切り替えメニューに表示されなくなります。なお、[基本編集]はオフにすることはできません。また、新規作成時の作業フェーズを設定することもできます。

マウスオーバーで切り替える

1. コマンドバーの[作業フェーズの変更]にマウスポインターを合わせます。
2. 上に[作業フェーズ切替バー]が表示されるので、アイコンを選んで切り替えます。

HINT 切替バーを表示しない設定にする

[作業フェーズの変更]をクリックして[マウスオーバー時に切替バーを表示]のチェックをオフにすると、マウスポインターを合わせても切替バーを表示しなくなります。

●エディタフェーズ

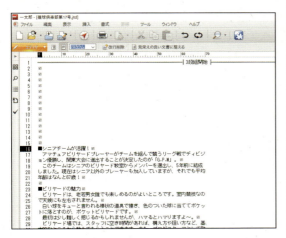

テキストエディタのように文字を入力するのに適したフェーズです。

●アウトラインフェーズ

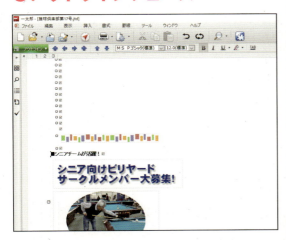

アイデアを整理したり文章の構成を考えたりしたいときに適したフェーズです。

●基本編集フェーズ

通常の編集作業で利用するフェーズです。初期設定では、この画面で起動します。

●提出確認フェーズ

完成した文書を提出前に確認するフェーズです。

●ビューアフェーズ

文書を閲覧するためのフェーズです。文書の編集はできないため、作成済みの文書をうっかり変更してしまうこともありません。

6-3 【表示】画面の表示倍率を変更する

画面は、作業内容に合わせて倍率を変更することができます。拡大して細かい作業をしたり、縮小して全体を見渡したりできます。また、文書を編集するときの画面タイプを切り替えることもできます。

表示倍率を指定する

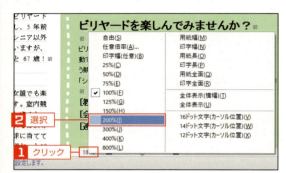

1. ［倍率表示］のボタンをクリックします。

2. 倍率を選択します。

 全体のイメージを確認できる［用紙全面］と、用紙の幅がちょうど画面に収まる大きさで表示する［用紙幅］を切り替えて使うと便利です。

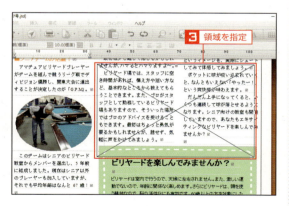

3. 拡大する場合、表示する領域を指定します。

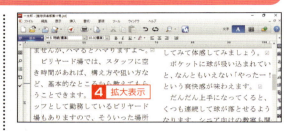

4. 指定した領域が、拡大表示されます。

ズームコントロールで設定する

1. ズームコントロールでは、スライダーをドラッグするか、左右のボタンをクリックします。右の ▣ をクリックすると10％ずつ拡大、左の ▣ をクリックすると10％ずつ縮小されます。

HINT 編集画面タイプを切り替える

通常は［イメージ編集］で表示していますが、画面を簡略表示する［ドラフト編集］や、印刷したときの状態を表示する［印刷イメージ］に切り替えることができます。

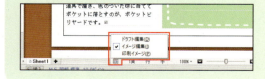

6-4 【表示】ウィンドウを分割して表示する

1つの文書を、上下や左右に分割して表示することができます。同じ文書内の別の場所を参照しながら編集したいときなどに便利です。ほかのウィンドウを上下や左右に並べて表示することもできます。

 [ウィンドウ－分割－上下分割] を選択します。

> **MEMO** [ウィンドウ－上下に並べて表示／左右に並べて表示／重ねて表示] で、開いている複数の文書を上下や左右に並べて表示、重ねて表示できます。

2 分割したい位置をクリックします。

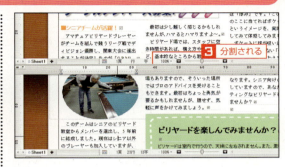

3 ウィンドウが上下に分割されます。スクロールバーをドラッグすると、それぞれ別々に表示位置を変えられます。

> **MEMO** [ウィンドウ－分割－分割解除] で分割表示を解除できます。

HINT 分割位置を変更する

分割位置をドラッグすると、分割位置を変更できます。

6-5 【表示】目的の位置やページに素早くジャンプする

長文の編集中に離れたページの内容を確認するには、画面左側にあるジャンプパレットを利用します。効率良く文書内を移動することで、作業スピードをアップできます。

ページへ移動する

1 ジャンプパレットの［ページ］タブをクリックします。

2 ページのサムネイルをクリックすると目的のページに移動します。

● ジャンプパレットをくっきり見やすい表示にするには→ 209ページ

見出しへ移動する

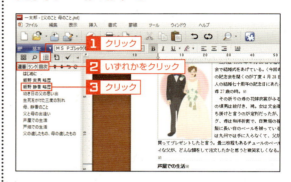

1 ジャンプパレットの［見出し］タブをクリックします。

2 ［連番］［ランク］［目次］のいずれかをクリックします。

3 移動先の見出しをクリックします。

HINT さまざまな位置へジャンプする

Ctrl + J キーを押すと表示されるメニューから、文書内のさまざまな位置へジャンプできます。直前にカーソルがあった位置へジャンプしたり、飾りを設定している位置にジャンプすることができます。

6-6 【表示】画面の表示をくっきり見やすくする

ジャンプパレットやツールバー、ステータスバー／ファンクションキーの配色、コントラストをよりくっきりした画面に切り替えられます。行間ラインを濃くしたり、選択範囲を反転表示するなどの項目も選択可能です。

くっきり画面に切り替える

1 [表示－くっきり画面]を選択します。

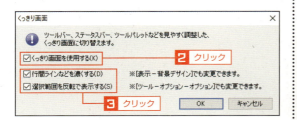

2 [くっきり画面を使用する]のチェックをオンにします。

3 [行間ラインなどを濃くする][選択範囲を反転で表示する]のチェックをオンにします。

●くっきり画面オンの状態

●くっきり画面オフの状態

●オーダーメイド機能でカスタマイズするには→202ページへ

6-7 【表示】ブックマークを追加して移動する

文書中のよく参照する場所にブックマークを設定しておくと、すぐにジャンプして表示できるので便利です。ブックマークの追加とジャンプの方法を確認しましょう。

ブックマークを追加する

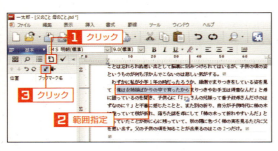

1 ジャンプパレットの [ブックマーク] タブをクリックします。

2 ブックマークに登録したい文字列を範囲指定します。

3 [ブックマークを追加] をクリックします。

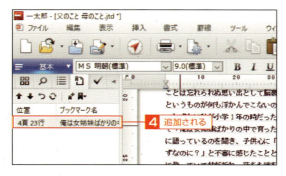

4 ブックマークとして追加されます。

ブックマークへジャンプする

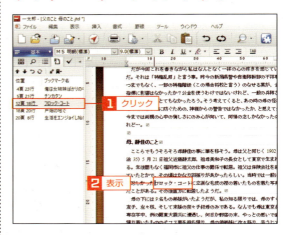

1 ブックマークをクリックします。

2 ブックマークを設定した場所が表示されます。

HINT ブックマークを削除する

削除したいブックマークの行を右クリックし、[ブックマークの削除] を選択します。

6-8 【文書管理】関連するファイルをシートとして追加する

一太郎では、1つのファイルで複数のシートを管理できます。関連する文書をシートに追加しておけば、文書管理が楽になります。一太郎文書のほか、ExcelやWord、PowerPointのファイルもシートとして追加できます。

新規シートを追加する

1 [シートの追加を行います] をクリックします。

2 [一太郎文書] を選択します。

> **MEMO** 一太郎文書以外のシートを追加するには、それぞれのソフトがインストールされている必要があります。

3 新規シートが追加されます。

ファイルからシートを追加する

1 左段の手順 2 で [ファイルから追加] を選択し、[開く] ダイアログボックスからファイルを選択します。

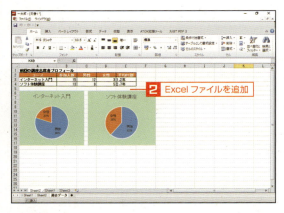

2 Excelファイルをシートとして追加できました。

6-9 【文書管理】シートを移動、コピー、削除する

シートは、順序を入れ替えたりコピーしたりできます。不要なシートは削除できますが、削除したシートは元に戻すことができないので注意が必要です。

シートを移動する

1. 移動したいシートをドラッグし、移動先でドロップします。

シートをコピーする

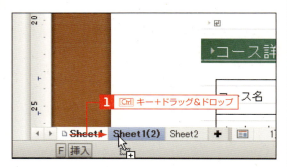

1. [Ctrl]キーを押しながら、コピーしたいシートをドラッグし、コピー先でドロップします。

> **MEMO** シートタブを右クリックして［シートの移動・コピー］を選択してもシートを移動・コピーできます。

シートを削除する

1. 削除したいシートを右クリックします。
2. ［シートの削除］を選択します。

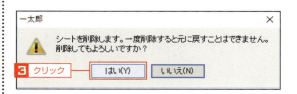

3. 確認メッセージが表示されます。[はい]をクリックすると、シートが削除されます。

> **MEMO** [はい]をクリックするとシートは削除され、元に戻せないので、十分確認してから実行しましょう。

6-10 【文書管理】シートの名前とタブ色を変更する

シートに名前を付けたり、タブに色を付けたりできます。分かりやすい名前に変更して色分けすると見分けがつきやすく、シートの切り替えが素早く行えます。

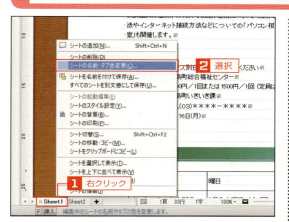

1 シートのタブを右クリックします。

2 ［シートの名前・タブ色変更］を選択します。

3 ［シート名］を入力します。

4 ▼をクリックして、カラーパレットからタブ色を選択します。

5 ［OK］をクリックします。

6 シート名とタブ色が設定されます。

HINT シートの色について

選択されているシートの色は、シート名の下にラインで表示されます。ほかのシートに切り替えると、タブ全体に色が付きます。

● 「講座の案内」シートが選択されているとき

● 「講座の案内」シートが選択されていないとき

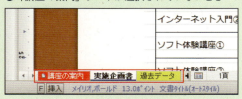

213

6-11 【文書管理】シートタブを切り替える

シートタブは、タブをクリックして切り替えるほか、選択されているシートタブをクリックして表示されたメニューからシート名をクリックして切り替えることもできます。

シートタブで切り替える

1 表示したいシート名をクリックします。

2 シートが切り替わります。

メニューから切り替える

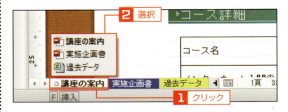

1 選択されているシートタブをクリックします。

2 シート名が一覧表示されるので、切り替えたいシート名を選択します。

6-12 【文書管理】シートタブの表示位置を変更する

シートタブは、初期値では画面下に表示されていますが、左右上下好きな位置に表示することができます。

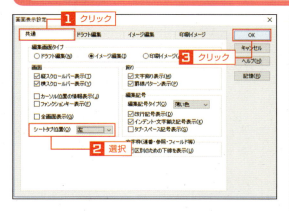

1 [表示-画面表示設定] を選択し、[共通] タブをクリックします。

2 [シートタブ位置] で、好きな位置を選びます。ここでは [左] を選んでいます。

3 [OK] をクリックします。

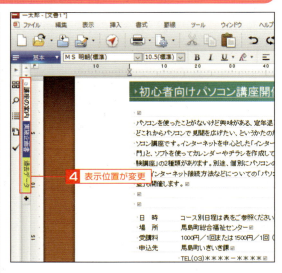

4 シートタブの表示位置が左に変更されます。

6-13 【罫線】罫線で直線を引く

罫線機能を利用するには、まず文字入力モードから罫線モードに切り替えます。直線を引くには、[罫線]を選びます。

1 ツールバーの ⊞ [罫線開始/終了] をクリックします。

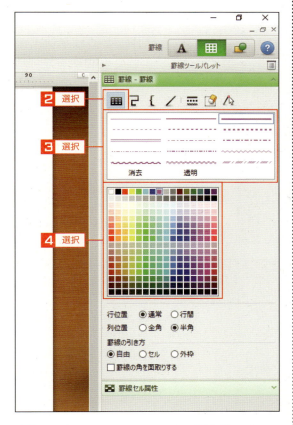

2 罫線モードになります。[罫線] パレットの ⊞ [罫線] を選択します。

3 線の種類を選択します。

4 線の色を選択します。

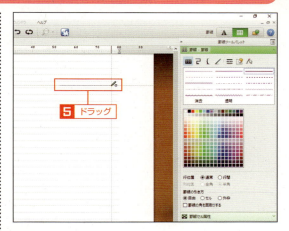

5 編集画面上で、線を引きたい位置をドラッグします。

6 マウスボタンを離すと、直線が引けます。

6-14 【罫線】罫線で表を作成する

罫線機能を利用すれば、手軽に表が作成できます。直線を引くのと同じ要領で斜め方向にドラッグすると四角形が描けます。四角形を描くときにTabキーを使えば表になります。

1. 直線と同じ要領でツールバーの[罫線開始／終了]をクリックして罫線モードにします。

2. [罫線]パレットの[罫線]を選択し、線の種類と色を選択します。

3. 斜め方向にドラッグします。

4. マウスボタンを押したままTabキーを押します。

> **MEMO** Tabキーを押さずにマウスボタンを離すと斜めの線を対角線とする四角形が描けます。

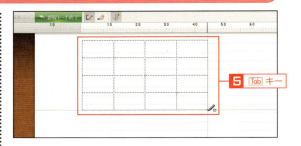

5. さらに右下方向にドラッグし、作りたい行数・列数に合わせてTabキーを押していきます。

6. 終了位置でマウスボタンを離します。

7. 罫線表が作成されます。

> **MEMO** ツールバーの A [文字入力]をクリックすると罫線モードが終了します。

6-15 【罫線】文字列から罫線表を作成する

文書中の数字などの並びから、自動で罫線表を作る方法があります。あらかじめ、タブやカンマで区切っておくと、データの区切りが正しく認識されます。

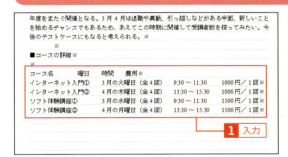

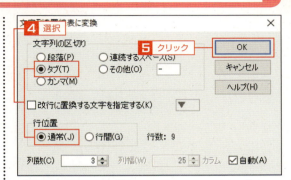

1 表にしたい見出しや数値の間にタブを1つずつ挿入して入力します。

 [Tab]キーを押すとタブを入力できます。この段階では列がきれいにそろっていなくても問題ありません。

4 [文字列の区切り]で[タブ]を、[行位置]で[通常]を選択します。

5 [OK]をクリックします。

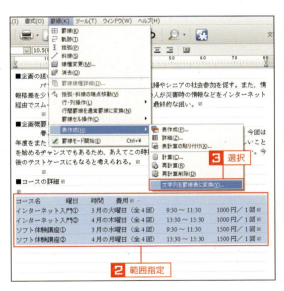

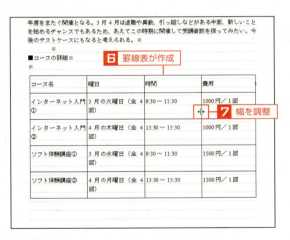

2 表にしたい行の範囲を指定します。

3 [罫線－表作成－文字列を罫線表に変換]を選択します。

6 選択した見出しと数値が罫線表に収まります。

7 縦の罫線を左右にドラッグすると表の幅を変更できます。

6-16 【罫線】斜線を引く

一太郎の罫線機能は、斜線も引けます。斜線の始点や終点に矢印を付けることもできるので、文書内の位置を矢印で示したいときなどに利用できます。

斜線を引く

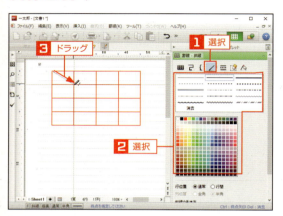

1. 罫線モードで［罫線］パレットの ／ ［斜線］を選択します。
2. 線の種類と色を選択します。
3. 編集画面上で斜線を引きたい位置をドラッグします。

4. マウスボタンを離すと、斜線が引けます。

矢印付きの斜線を引く

1. ［罫線－斜線］パレットの［斜線の終点に矢印を付ける］（または［斜線の始点に矢印を付ける］）のチェックをオンにします。
2. 引きたい位置をドラッグします。

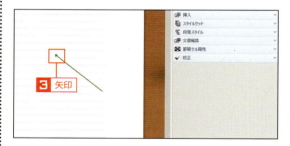

3. 終点（または始点）に矢印が付きます。

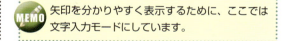
MEMO 矢印を分かりやすく表示するために、ここでは文字入力モードにしています。

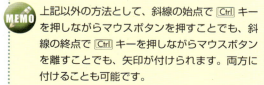
MEMO 上記以外の方法として、斜線の始点で Ctrl キーを押しながらマウスボタンを押すことでも、斜線の終点で Ctrl キーを押しながらマウスボタンを離すことでも、矢印が付けられます。両方に付けることも可能です。

6-17 【罫線】括弧を描く

個条書きした行を括弧でくくりたいときなどに、罫線の［括弧］を利用しましょう。複数行を囲む括弧を描けます。さらに、括弧の途中にブレス（突起）も付けられます。

括弧を描く

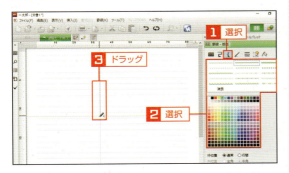

1. ［罫線］パレットの { ［括弧］を選択します。
2. 線の種類と色を選択します。
3. 編集画面上で縦方向にドラッグします。

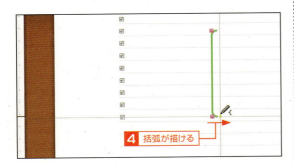

4. 括弧を開きたい方向にマウスをずらしてマウスボタンを離すと、括弧を描けます。ここでは右側に開いた括弧を描くために、右方向にマウスをずらしています。

> **MEMO** 下方向や上方向に開いた括弧を描く場合も同様に、開きたい方向にマウスをずらします。

ブレス付きの括弧を描く

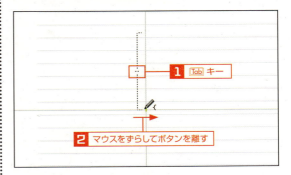

1. 始点から終点へドラッグする途中、ブレスを付けたい位置で Tab キーを押します。
2. 括弧を開きたい方向にマウスをずらしてマウスボタンを離します。

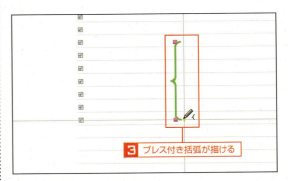

3. Tab キーを押した位置にブレスが付いた括弧が描けます。

> **MEMO** 括弧の中央にブレスを付けたい場合は、［罫線－括弧］パレットの［括弧の中央にブレスを付ける］のチェックをオンにするか、マウスボタンを離すときに Ctrl キーを押します。

6-18 【罫線】罫線の種類を変更する

罫線を引いたあとで、線の種類や色を変更することが可能です。わざわざ罫線を削除して引き直す必要はありません。変更する罫線の選択方法もいろいろ設定できます。

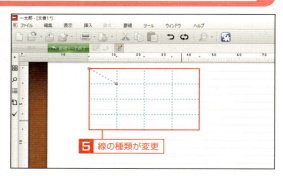

1. ［罫線］パレットの ▦［線種変更］を選択します。

2. 変更後の線の種類と色を選択します。

3. ［変更する罫線の選択方法］で［範囲に掛かるすべての罫線を変更］を選びます。

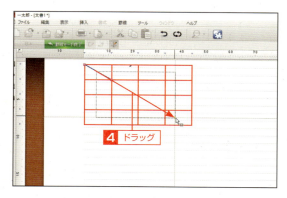

4. 線種を変更したい罫線に掛かるように、マウスをドラッグします。

5. 選択範囲に掛かった罫線の種類が変更されます。

> **MEMO** 罫線モードを終了して文字入力モードに戻るには、ツールバーの A ［文字入力］または ▦［罫線開始／終了］をクリックするか、コマンドバーの ［罫線モード終了］をクリックします。 Esc キーを押しても文字入力モードに戻ります。

> **HINT 選択方法の違い**
> ● **範囲に掛かるすべての罫線を変更：**
> ドラッグして選択した範囲に掛かる罫線が対象
> ● **範囲の内側の罫線を変更：**
> ドラッグして選択した範囲の完全に内側にある罫線のみ対象
> ● **セル単位の罫線を変更：**
> ドラッグして選択した罫線のセルの交点までが対象

6-19 【罫線】罫線を消去する

罫線の［消去］機能を使えば、いったん描いた罫線を全部、あるいは部分的に消去することができます。選択方法によって、消去される範囲が異なってきます。

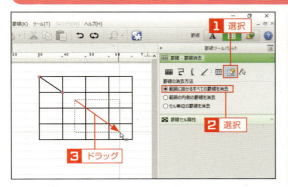

1. ［罫線］パレットの ［罫線消去］を選択します。

2. ［罫線の消去方法］で［範囲に掛かるすべての罫線を消去］を選びます。

3. 消去したい罫線に掛かるように、マウスをドラッグします。

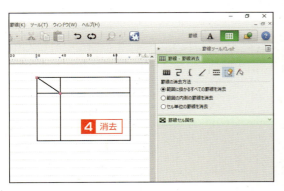

4. 選択範囲に掛かる罫線が消去されます。

MEMO 選択方法と消去範囲については、左ページの線種変更と同じです。

HINT そのほかの消去方法

●マウスでなぞった部分だけを消去する

線種一覧で［消去］を選択し、消去したい部分をマウスでなぞると、その部分だけを消去できます。ただし、斜線や括弧は、なぞった部分だけを消去することはできません。

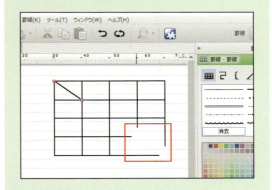

●文字入力モードで消去する

文字入力モードでは、罫線を含むようにしてドラッグして範囲指定し、Delete キーを押すと、罫線を削除できます。

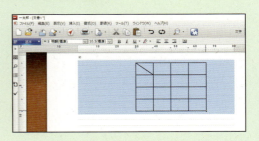

知っておくと便利な罫線の機能や操作

これまでに紹介してきた罫線機能以外に、知っておくと便利な機能や操作を紹介します。

●通常罫線と行間罫線

罫線を描く際には、[行位置] として [通常] または [行間] を選択できます。[通常] は、行の中央に引かれます。[行間] は、行と行の間に引かれます。なお、[通常] で文字の上に線を引くと、文字が削除されます。

●通常罫線

●行間罫線

●角の丸い四角形を描く

[罫線の角を面取りする] のチェックをオンにして四角形を描画すると、角の丸い四角形を描けます。また、四角形を描画する際に、[Ctrl] キーを押したままマウスボタンを離すことでも角丸にできます。

●水平・垂直の軌跡を描く

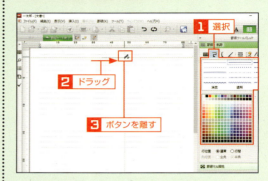

1. [罫線] パレットの [軌跡] を選択し、線の種類と色を選択します。

2. 横方向にドラッグします。

3. 線を曲げる位置でいったんマウスボタンを離します。

4. 次に線を引きたい位置までマウスカーソルを移動し、曲げる位置をクリックします。

5. 終点でダブルクリックすると、これまでの軌跡を確定できます。

6-20 【作図】図形を描く

一太郎には、簡易作図機能があります。これを利用すれば、簡単な地図やイラストなどを手早く描くことができます。

直線を描く

1. ツールバーの [簡易作図開始/終了] をクリックします。

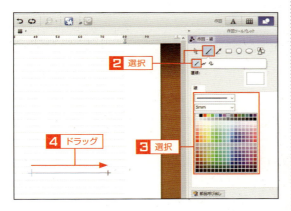

2. 簡易作図モードになります。／ [線] の ／ [直線] を選択します。

3. 線の種類や太さ、色を選択します。線の太さは [任意] を選択して「5」と入力、色では灰色を選択しています。

4. 横方向にドラッグします。

5. [Shift] キーを押したままマウスボタンを離すと、水平の直線が描けます。

立体図形を描く

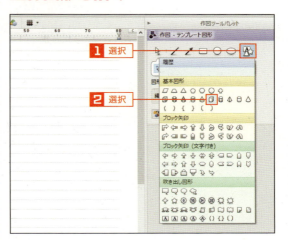

1. [テンプレート図形] を選択します。

2. 一覧から描きたい図形を選びます。ここでは直方体を選んでいます。

3. [線] タブで線の種類や太さ、色を選択します。ここでは0.8mmの極太線を選択しています。

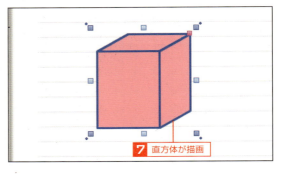

7 直方体が描けました。

4 [塗り]タブで[色]を選択します。ここではピンク色を選択しています。

> **MEMO** [選択]をクリックし、図形をクリックしてドラッグすると移動、Deleteキーを押すと削除、周辺の■をドラッグすると大きさを変更できます。

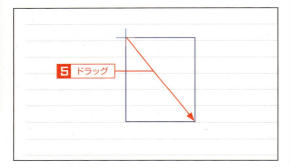

5 長方形の対角線を描くようにドラッグします。

HINT 簡易作図で地図を描く

これまでに描いた図形に少し描き加えると、簡易地図になります。同じ色の直線を縦方向に描いて道路を交差させ、直線の色を水色に変えて川を描いています。矢印付き直線も描き加えています。
図形を描き終わったらツールバーの A [文字入力]をクリックして文字入力モードに戻り、文字を加えています。川は選択して右クリックし、[最も下]を選んで道路より下になるようにしています。

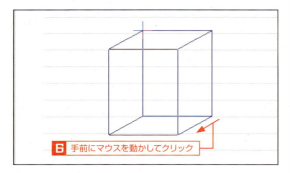

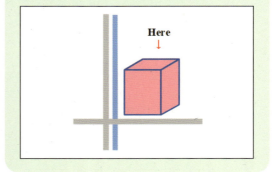

6 いったんマウスのボタンを離し、手前の方向にマウスを動かして、もう一度クリックします。

6-21 【写真】写真をまとめてレイアウトする

写真をたくさん貼り付けたいときは、「写真をまとめてレイアウト」機能を使いましょう。豊富なレイアウトパターンから選ぶだけで見栄え良く複数の写真を配置できます。

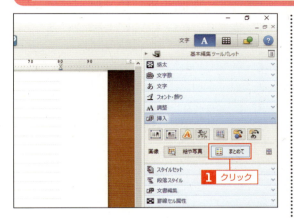

1. ［挿入］パレットの まとめて ［写真をまとめレイアウト］をクリックします。

2. ダイアログボックスが2つ表示されるので、［絵や写真］ダイアログボックスで ［フォルダーから］タブを選択します。

3. 左側から、貼り付けたい写真が入ったフォルダーを指定します。

4. 右側から、挿入したい写真を選択します。

5. 追加 をクリックします。

6. もう一方の［写真をまとめてレイアウト］ダイアログボックスの一覧に、選んだ写真が表示されます。

7. 手順 3 ～ 5 を繰り返して、複数の写真を選択します。ここでは5枚の写真を選択しています。

> **MEMO** 画面下部の ［削除］をクリックすると選択した写真を削除、↑［1つ前へ］ ↓［1つ後ろへ］をクリックすることで位置を入れ替えることができます。

6-21 [写真] 写真をまとめてレイアウトする

8 写真を選び終わったら［絵や写真］ダイアログボックスの 閉じる をクリックします。

9 ［写真をまとめてレイアウト］ダイアログボックスに、テンプレート一覧が表示されるので、好みの配置を選びます。

10 挿入 をクリックします。

> **MEMO** 写真をドラッグすることで、位置を入れ替えることができます。また、右下の ⚄ をクリックすることで、任意にシャッフルすることもできます。

11 文書中に、複数の写真がレイアウトされて貼り付きました。

> **HINT 並べる方向や列数・行数を指定して並べる**
>
> テンプレートを利用して並べるほか、列数や行数を指定して規則的に並べることもできます。［写真をまとめてレイアウト］ダイアログボックスで［整列］タブを選び、並べる方向や列数・行数、間隔などを指定します。
> ［写真を選ぶ］をクリックすると、写真を選ぶ画面に戻って写真を追加したり選択し直したりできます。
>
>

●個別に写真を貼り付けるには
→ 51 ページ

●写真のデータサイズを縮小するには
→ 52 ページ

6-22 【写真】写真に効果を付ける

写真にさまざまな効果を付けることができます。14種類の写真フィルターから選ぶだけで、雰囲気のある写真に変身させることができます。

1 効果を付けたい写真をクリックして選択します。

2 ［画像枠の操作］パレットの ［写真フィルター］をクリックします。

3 写真のイメージに合った効果を選択します。ここでは［夕さり］を選択しています。

4 ［OK］をクリックします。

5 写真にフィルターが設定されました。

HINT 写真を入れ替える

挿入している写真を入れ替えたい場合は、まず写真をクリックして選択します。［画像の変更］パレットの ［絵や写真の変更］をクリックし、［絵や写真］ダイアログボックスで新しい写真を選択します。

6-23 【感太】感太を使って言葉を挿入する

感太に収録されている言葉やイメージ写真を文書に挿入することができます。言葉の意味も簡単に調べることができます。

ことばを挿入する

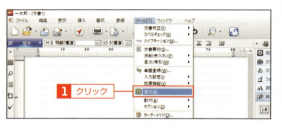

1 [ツール－感太] を選択します。

MEMO 基本編集ツールパレットからも開くことができます。

2 挿入したいカードの [ことばを挿入します] をクリックします。

3 ことばが挿入されました。

写真を挿入する

1 挿入したいカードの [写真を挿入します] をクリックします。

2 写真が挿入されました。

辞書引きをする

1 言葉の意味を知りたいカードの [辞書引きします] をクリックすると、辞書が表示されます。

6-24 【書式】文字飾りをストックして再利用する

よく使う文字飾りの設定は、ストックしておくことができます。すぐに呼び出して再利用できるので、素早く書式を設定できるようになります。

フォント飾りをストックする

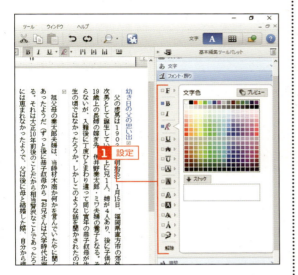

1 [フォント・飾り] パレットで文字色やアンダーラインなどの書式を設定します。

2 ストック をクリックします。

3 書式を設定したい文字列を範囲指定します。

4 ストックした飾りを選択します。

● お気に入りのフォントを利用する
→ 39 ページへ

6-25 【書式】きまるフレームで枠を簡単に挿入する

「きまるフレーム」は、文書によく使われる定番の記載内容（フレーム）を、編集中の文書に呼び出す機能です。「コラム」「告知」「申し込み」などの用途別に、豊富なフレームを収録しています。

●フレームを挿入する

1. 挿入したい場所をクリックしてカーソルを置きます。

2. ［挿入］パレットの ［きまるフレーム］をクリックします。

3. ［きまるフレーム］ダイアログボックスが開くので、［フレーム］タブをクリックします。

4. 左側でフレームの分類を選択します。

5. 右側で挿入したいフレームを選択します。

6. ［挿入］をクリックします。

7. フレームが挿入されます。

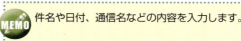

MEMO 件名や日付、通信名などの内容を入力します。

●よく使うフレームを登録する

1. 枠を選択していない状態で［挿入］パレットの ［きまるフレーム］をクリックします。

2 [きまるフレーム] ダイアログボックスが表示されている状態で、登録したい枠を選択します。

3 [きまるフレーム] ダイアログボックスで 文書から登録... をクリックします。

4 タイトルやキーワードを入力します。

5 OK をクリックします。

> **MEMO** キーワードを設定しておけば、検索時にその文字列で絞り込むことができます。複数のキーワードを設定したい場合は、「，」で区切って入力します。

6 [ユーザーフレーム] の中に登録されます。

7 登録を終了する場合は キャンセル をクリックします。

> **MEMO** 登録したフレームは、[ユーザーフレーム] の中から選んで再利用できます。

6-26 【書式】段組を設定する

1行の文字数が長くなりすぎると、文章が読みづらくなります。そんなときは、段組を設定して読みやすくしましょう。2段組から9段組までの設定が可能です。

段組を設定する

1. 段組を開始したい行にカーソルを置きます。

2. ［書式－段組－設定］を選択します。

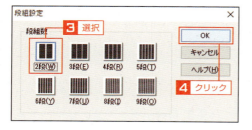

3. ［段組設定］ダイアログボックスが開くので、［段組数］で［2段］を選択します。

4. ［OK］をクリックします。

5. カーソル位置以降の行に段組が設定されます。

改段する

1. 段の途中から、次の段に移動したいときには、移動したい文字の前にカーソルを置きます。

2. ［書式－段組－改段］を選択します。

3. 改段されます。

● 文書のスタイルを一発で選べる「きまるスタイル」は→ 129、165 ページ

6-27 【書式】ページのヘッダ・フッタを設定する

ページ上部のヘッダと、下部のフッタ領域には、ファイル名や印刷日付などの文書情報を表示できます。そのまま印刷すれば、書類を管理する際に役立ちます。

1 [ファイル-文書スタイル-ヘッダ・フッタ]を選択し、[ヘッダ・フッタ]ダイアログボックスを開きます。

2 [場所]で[ヘッダ]を選択します。

3 [表示する]のチェックをオンにします。

4 [記号]をクリックすると、ヘッダに設定可能な記号を選択できます。

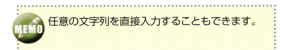

MEMO 任意の文字列を直接入力することもできます。

5 ここでは、[左]に印刷日付、[中]にファイル名を表示する設定にしています。

6 [OK]をクリックします。

7 ヘッダ領域に、日付とファイル名が表示されます。

HINT ヘッダやフッタが表示されないときは

ページの境界部分にマウスポインターを合わせ、ポインターがはしごのような形になったらクリックします。すると、余白部分が表示されてヘッダ・フッタが表示されます。再度クリックすると、余白部分は非表示になります。

6-28 【書式】ドロップキャップで先頭文字を大きくする

ドロップキャップは、先頭文字を複数行にまたがった大きな文字にすることができる機能で、雑誌などのレイアウトでよく使われています。

1 ドロップキャップを設定したい段落にカーソルを置きます。

2 ［書式－ドロップキャップ］を選択します。

> MEMO 先頭文字が字下げされていてもかまいません。

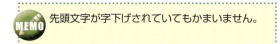

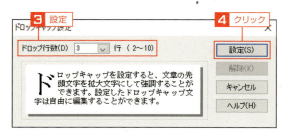

3 ［ドロップキャップ設定］ダイアログボックスが開きます。［ドロップ行数］を設定します。

4 設定 をクリックします。

5 ドロップキャップが設定されました。

HINT ドロップキャップを変更、解除する

ドロップキャップの枠を選択した状態で［書式－ドロップキャップ］を選択し、行数を変更したり解除したりします。

なお、ドロップキャップに設定した文字は、設定後も自由に編集できます。

6-29 【文字】文字列を検索する

文書中にある特定の文字列を探したいときには、検索機能を利用します。検索された文字列は色付きで表示されるので、ひと目で分かります。

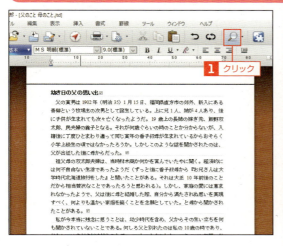

1 文字列を検索したい文書を開いたら、ツールバーの [検索ダイアログボックスを開く] をクリックします。

2 [検索文字] に、検索したい文字列を入力します。

3 文書頭から検索 をクリックします。

MEMO [検索方法] で [飾り] を選択すると、飾りを検索できます。

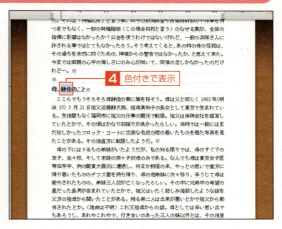

4 文書先頭から検索が開始され、最初に検索された文字列が色付きで表示されます。続けて文書末方向に検索する場合は F5 キーを押します。

MEMO 文書頭方向に検索したい場合は Shift + F5 キーを押します。

5 以降に対象の文字列がなくなると、メッセージが表示されます。検索を終了するなら いいえ をクリックします。

6-30 【文字】文字列を置換する

検索した特定の文字列をすべて別の文字列に置き換えたい場合は、置換機能を使います。たとえば受講料1000円をすべて1200円に変更したいときなどに便利です。

1. ツールバーの [検索ダイアログボックスを開く] の右にある ▼ をクリックし、[置換] を選択します。

2. [検索] に検索する文字列を入力します。

3. [置換] に置き換える文字列を入力します。

4. 文書頭から置換 をクリックします。

> **MEMO** [1つずつ確認しながら置換する] のチェックがオンになっていると、文字列を置換する前に確認メッセージが表示されます。

5. 置換してよければ、はい をクリックします。

> **MEMO** 残り全て置換 をクリックすると、以降の文字列は、確認することなくすべて置換できます。

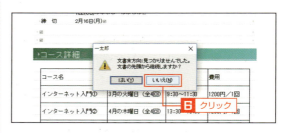

6. 以降に対象の文字列がなくなると、メッセージが表示されます。置換を終了するなら いいえ をクリックします。

6-31 【文字】アルファベットや数字を半角に変換する

入力後のアルファベットや数字、記号などを文字の種類ごとに一括で全角や半角に統一することができます。

1. ［書式－全角・半角変換－一括変換］を選択します。

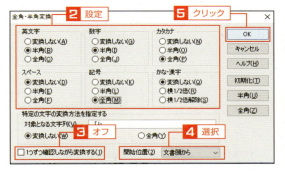

2. 数字は半角、カタカナは全角など、変換したい文字の種類で［半角］か［全角］を選択します。変更しないものは［変換しない］を選択します。

3. ［1つずつ確認しながら変換する］のチェックをオフにします。

4. ［開始位置］で［文書頭から］を選択します。

5. OK を クリックします。

6. 指定通り数字は半角、カタカナは全角に変換されます。

HINT 1つずつ確認しながら変換する

［1つずつ確認しながら変換する］のチェックをオンにすると、その都度変換してもよいか確認のメッセージが表示されます。

6-32 【印刷】原稿用紙のテンプレートを使う

用意されている原稿用紙スタイルから、用紙の大きさや向きを選んで文書を作成することができます。原稿用紙のルールに合わせて、禁則処理なども設定されています。

原稿用紙のテンプレートを開く

1 ツールバーの [開く] の [▼] をクリックして[テンプレートを開く]を選択します。

2 [パーソナル]タブをクリックします。

3 [原稿用紙]を選択します。

4 用紙の種類を選択します。

5 市販用紙との対応を確認します。

6 [開く]をクリックします。

HINT 原稿用紙に名入れできる

「B5原稿名入2」のように、テンプレート名に「名入」と入っている場合は、名入れ原稿用紙を作ることができます。「名入れ」のチェックをオンにし、名前を入力してフォントやサイズを指定します。

7 文字を入力すると、原稿用紙の升目にピッタリ収まります。

原稿用紙に印刷する

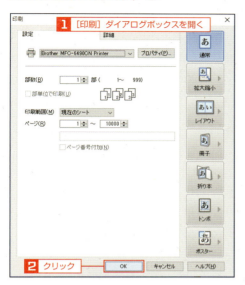

1. ツールバーの 🖨 [印刷] をクリックして、[印刷] ダイアログボックスを開きます。

2. OK をクリックします。

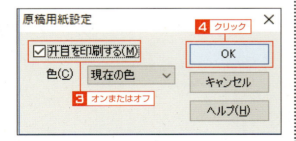

3. 原稿用紙に印刷するなら、[升目を印刷する] のチェックをオフに、白い用紙に升目も印刷したいならオンにします。

4. OK をクリックします。

HINT そのほかのテンプレートを活用する

左ページの手順 1 の要領で開くテンプレートには、原稿用紙のほかにも回覧板やレシピシートなどさまざまなテンプレートが用意されています。そのまま印刷して使ったり、フォームに入力して保存したりと便利に活用できます。

●パーソナル－便せん

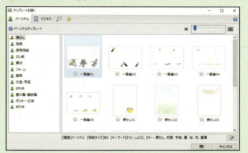

●パーソナル－垂れ幕・横断幕

●パーソナル－折り本

6-33 【印刷】市販のラベルやタック用紙に印刷する

市販のラベルやタック用紙を使用し、ラベルのサイズや形状に収まるように印刷できます。文書スタイルの［用紙設定］から呼び出し可能な用紙の種類は追加できます。

1 ツールバーの [用紙や字数行数の設定（文書スタイル）] をクリックして、[文書スタイル] ダイアログボックスを開きます。

2 用紙 をクリックします。

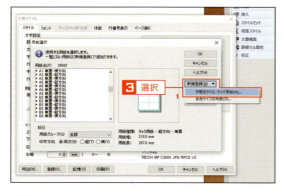

3 [用紙選択] ダイアログボックスで、新規登録 をクリックし、[市販のラベル・タック用紙] を選択します。

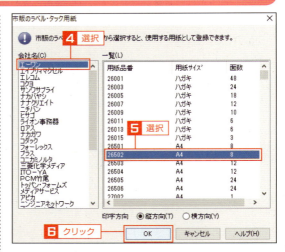

4 用紙の会社名を選択します。

5 用紙の型番を選択します。

6 OK をクリックします。

7 選択した用紙のイメージを確認したら、OK をクリックします。

> **MEMO** 変更 をクリックすると、用紙名を任意に変更することができます。

8 用紙のスタイルが読み込まれました。

9 登録した用紙スタイルは、以降［用紙］の ▼ をクリックすると表示されるリストから選択できるようになります。

HINT 自由サイズの用紙を作成する

使用したい用紙の型番が見つからない場合には、自分で作成することが可能です。手順 **3** で［自由サイズの用紙］を選択すると、用紙のサイズ、ラベルの枚数、余白などを設定して独自の用紙設定を作成できます。

● ［用紙情報］タブ

用紙の幅や長さを設定します。

● ［タック情報］タブ

ラベル（タック）の枚数やマージンを設定します。

第6章 応用編　一太郎2018を使いこなそう

241

6-34 【印刷】行間ラインを好みの色で印刷する

編集画面で行間に表示されている罫線を印刷できます。便せんやレポート用紙風に印刷したいときに使ってみましょう。行間ラインの色も選択できます。

行間ラインを印刷する

1 ツールバーの [印刷]をクリックします。

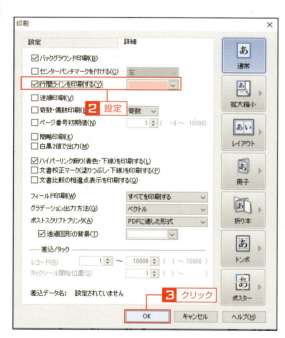

2 ［詳細］シートで、［行間ラインを印刷する］をオンにして、色を選択します。

3 OK をクリックして印刷します。

●行間ラインを印刷がオンの状態

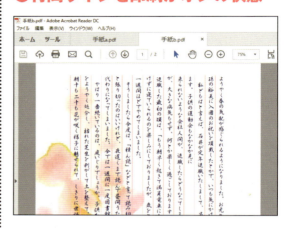

●行間ラインを印刷がオフの状態

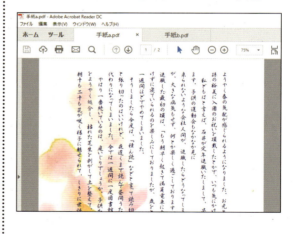

6-35 【印刷】1ページだけの文書にページ番号を印刷しない

初期設定では、自動でページ番号が付けられますが、1ページだけの文書には不要という場合があります。印刷時のメッセージでページ番号を付けるかどうか確認できます。

ページ番号を印刷しない

1 1ページだけの文書を印刷します。

2 確認画面が表示されます。ページ番号が不要な場合には、[いいえ]をクリックします。

HINT 確認方法を変更する

1ページだけ印刷するときにページ番号を付けるかどうか確認するメッセージは、初期設定でオンになっています。オプション画面でオン／オフを切り替えられます。

1 [ツール－オプション－オプション]を選択します。

2 [グループ]で[操作環境]の[コマンド操作]を選択し、[項目一覧]で[1ページ文書でページ番号を印刷するかどうかを確認する]を設定します。

6-36 【ツール】カーソルを移動したとき余白を残してスクロールする

文章を入力するにしたがって、ページは自動でスクロールします。余白を残してスクロールするように設定を変更できます。

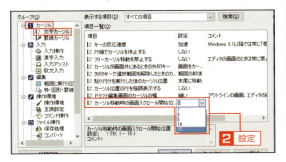

1 [ツール－オプション－オプション]を選択します。

2 [グループ]で[カーソル]の[文字カーソル]を選択し、[項目一覧]で[カーソル移動時の画面スクロール開始位置]の行数を設定します。

●初期設定の状態

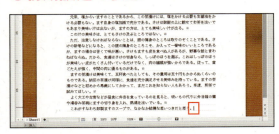

●[15行]に設定した状態

6-37 【ツール】取り消し回数を増やす

操作を誤ったときには取り消しを実行します。取り消し可能な回数は最大500回まで設定可能です。

取り消し回数を設定する

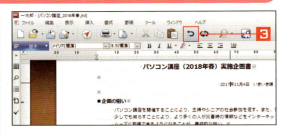

1. ［ツール－オプション－オプション］を選択します。

2. ［グループ］で［操作環境］の［操作環境］を選択し、［項目一覧］で［アンドゥ回数（「取り消し」有効回数）］を設定します。

3. 操作を誤ったときには、ツールバーの ［取り消し］をクリックします。設定した回数まで操作をさかのぼって取り消すことができます。

6-38 【ツール】オプションの設定項目を検索する

オプション設定には、さまざまな項目が用意されています。検索機能を利用することで、目的の項目をすばやく見つけることができます。

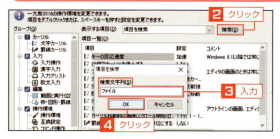

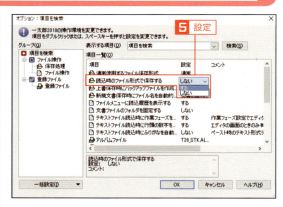

1. ［ツール－オプション－オプション］を選択します。

2. ［検索］をクリックします。

3. ［検索文字列］に設定項目に含まれる文字を入力します。

4. ［OK］をクリックします。

5. ［項目一覧］に該当項目が表示されるので、設定したい項目を選択します。

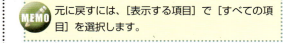

MEMO 元に戻すには、［表示する項目］で［すべての項目］を選択します。

6-39 【保存】Word形式で保存する

一太郎で作成した文書をWord形式で保存することができます。また、Word形式のファイルを直接一太郎で開くこともできます。

Word形式で保存する

 ツールバーの [名前を付けて保存]の右の ▼ をクリックして [Word文書として保存] を選択します。[Word文書として保存] ダイアログボックスが開くので、ファイル名などを入力して保存します。

> **MEMO** 同じように、[PDF保存] を選択するとPDF形式で保存できます。

2 文書がWord形式で保存されます。Wordで開いて確認します。

Word形式の文書を開く

1 ツールバーの [開く] をクリックします。

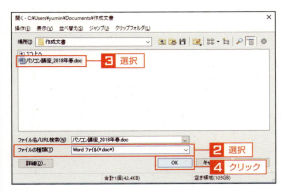

2 [ファイルの種類] で [Wordファイル (*.doc*)] を選択します。

3 開きたいファイルを選択します。

4 OK をクリックします。

> **MEMO** [ファイル−他形式の保存/開く−Word文書を開く] でも、Word形式の文書を開くことができます。

6-40 【環境】インストール直後の状態に戻す

カスタマイズしたメニューや変更した背景デザインなど、一太郎の設定をまとめてインストール直後の状態に戻すことができます。すべての設定を破棄して最初からやり直したいときなどに便利です。

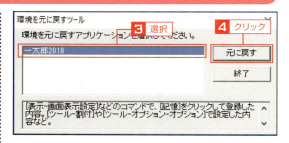

1 一太郎やジャストシステム製品が起動している場合は終了し、すべてのアプリから［JustSystems ツール＆ユーティリティ － JustSystems ツール＆ユーティリティ］をクリックします。

2 ［商品共通－環境を元に戻すツール］を選択します。

Windows 8/8.1 の場合は、アプリ一覧画面から［JustSystems ツール＆ユーティリティ］をクリックします。

3 開く画面で［一太郎2018］を選択します。

4 ［元に戻す］をクリックします。

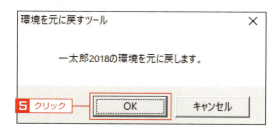

5 ダイアログボックスで［OK］をクリックします。

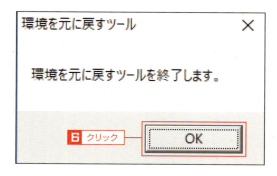

6 ［OK］をクリックすると終了します。

6-41 【はがき】はがきを作成する

楽々はがきを使えば、テンプレートから選ぶだけで簡単に年賀状や引っ越し報告のはがきを作成することができます。一太郎2018の[ツール]メニューから起動できるほか、ソフト単独で起動することもできます。

一太郎から起動する

1 [ツール-拡張機能-はがき作成（楽々はがき セレクト）]を選択します。

はがきうらの作成

1 楽々はがき セレクト for 一太郎が起動し、ガイドメニューが表示されるので、作成したいはがきをクリックして選択します。ここでは[夏の挨拶]を選択しています。

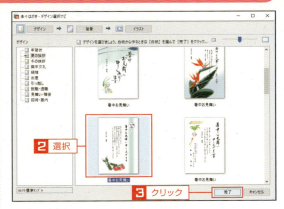

2 デザインを選択します。

3 完了 をクリックします。

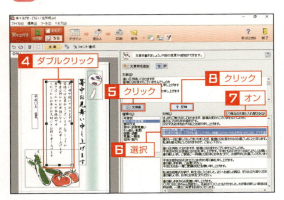

4 文章枠をダブルクリックします。

5 文例集 をクリックします。

6 文章を選択します。

7 「現在の文章と入れ替える」のチェックをオンにします。

8 反映 をクリックします。

はがきおもての作成

1 ［おもて］をクリックします。

2 ［はがき種類］ではがきの種類を選択します。

> **MEMO** 宛先は［住所録］に登録します。ここでは、あらかじめ住所録を作成しているため、宛先が自動的に表示されています。

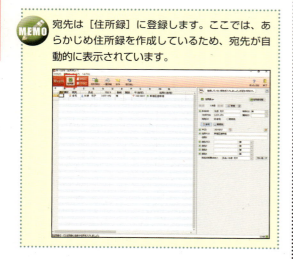

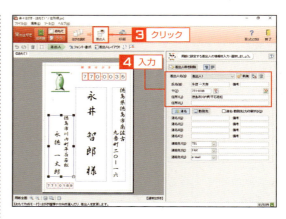

3 ［差出人］をクリックします。

4 差出人を入力します。

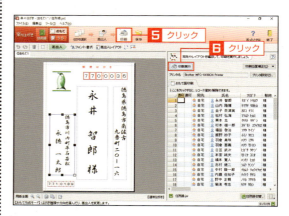

5 ［印刷］をクリックします。

6 宛先を確認して［印刷実行］をクリックします。

一太郎2018 プレミアム／スーパープレミアムでできること

一太郎2018とATOK for Windowsに、「イワタ書体」8書体、「広辞苑 第七版 for ATOK」、そして「花子2018」、「Shuriken 2018」などを加えた「一太郎2018 プレミアム」、さらに「ブリタニカ国際年鑑 一太郎2018版」、「Britannica ImageQuest」の使用権などを加えた「一太郎2018 スーパープレミアム」を使えば、さらにできることの幅が広がります。

1　一太郎2018 プレミアム

さまざまな文芸作品などで採用されているイワタ書体を活用すれば、より格調高い文書を作成できます。さらに、統合グラフィックソフト花子2018との連携で、より美しい書籍を仕上げることも可能です。

J- イワタ中細明朝体 Pr6N
あめそらツチホシ愛永海国春神東道
ABCDEFGHIJKLMNOPQRSTUVWXYZ
abcdefghijklmnopqrstuvwxyz
123456789.:,;(*!?)

J- イワタ太明朝体 Pr6N
あめそらツチホシ愛永海国春神東道
ABCDEFGHIJKLMNOPQRSTUVWXYZ
abcdefghijklmnopqrstuvwxyz
123456789.:,;(*!?)

J- イワタ明朝体オールド Pr6N
あめそらツチホシ愛永海国春神東道
ABCDEFGHIJKLMNOPQRSTUVWXYZ
abcdefghijklmnopqrstuvwxyz
123456789.:,;(*!?)

J- イワタ太明朝体オールド Pr6N
あめそらツチホシ愛永海国春神東道
ABCDEFGHIJKLMNOPQRSTUVWXYZ
abcdefghijklmnopqrstuvwxyz
123456789.:,;(*!?)

J- イワタ細ゴシック体オールド Pr6N
あめそらツチホシ愛永海国春神東道
ABCDEFGHIJKLMNOPQRSTUVWXYZ
abcdefghijklmnopqrstuvwxyz
123456789.:,;(*!?)

J- イワタ太ゴシック体オールド Pr6N
あめそらツチホシ愛永海国春神東道
ABCDEFGHIJKLMNOPQRSTUVWXYZ
abcdefghijklmnopqrstuvwxyz
123456789.:,;(*!?)

J-G- イワタ細教科書体 ProN
あめそらツチホシ愛永海国春神東道
ABCDEFGHIJKLMNOPQRSTUVWXYZ
abcdefghijklmnopqrstuvwxyz
123456789.:,;(*!?)

J-G- イワタ太教科書体 ProN
あめそらツチホシ愛永海国春神東道
ABCDEFGHIJKLMNOPQRSTUVWXYZ
abcdefghijklmnopqrstuvwxyz
123456789.:,;(*!?)

●イワタ書体
文芸作品や広告コピーで使用される「イワタ明朝体オールド」「イワタ明朝体」を中心に8書体が搭載されました。多くのベストセラー小説の本文フォントとしても採用されています。

一太郎2018プレミアム／スーパープレミアムでできること

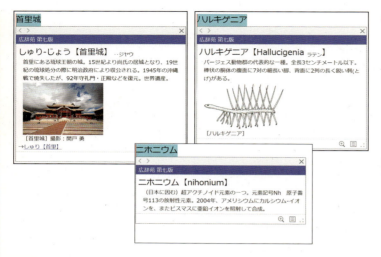

●広辞苑 第七版 for ATOK

2018年1月発売の『広辞苑 第七版』が、ATOK連携電子辞典として、いち早く一太郎2018プレミアムに搭載されています。第六版から10年を経て、日本語として定着した語、または定着すると考えられる言葉を厳選し、約1万項目が追加されています。

●詠太8

一太郎で文書を読み上げるときに、「会話文」と「地の文」の話者を自動で切り替えて読み分けます。小説などの物語で、登場人物の台詞部分と語り手部分とのバランスやコントラストの確認に役立ちます。また、日本語文と英文に応じて、日本語話者と英語話者を自動的に切り替える機能が、一太郎の文書以外でも利用できるようになりました。

●花子2018

一太郎で書籍の本文を作成したら、花子で表紙を作成するなど、それぞれの特徴を生かすことで、美しく仕上げられます。また、相関図を作成する機能も用意され、歴史や政治、小説の人物関係などを簡単に図にできます。

●Shuriken 2018

高いセキュリティ機能と軽快な動きを兼ね備えたメールソフト「Shuriken」がバージョンアップ。標的型攻撃メール対策を施し、セキュリティ強化を図りました。また、可読性と美しさを兼ね備えた背景デザインが10点追加収録されています。

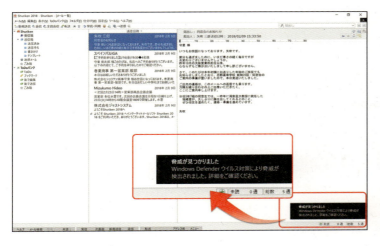

●JUST PDF 3［作成・編集］

文書からPDFを作成できる「JUST PDF 3［作成・編集］」は、多くの印刷所が入稿データとしてサポートするPDF/X-1a:2001出力に対応。作成したオリジナル小説をそのまま印刷所に入稿できます。

2　一太郎2018 スーパープレミアム

「ブリタニカ国際年鑑 一太郎2018版」の情報や、「Britannica ImageQuest」の画像を活用できます。ほかにも、統合フォトレタッチソフト「Zoner Photo Studio X」、Microsoft Office 互換ソフトとなる表計算ソフト「JUST Calc 3 /R.3」やプレゼンテーションソフト「JUST Focus 3 /R.3」を搭載する最上位モデルです。

●Britannica ImageQuest

「Britannica ImageQuest」は、さまざまな分野の貴重な写真やイラストを提供するオンラインサービスです。世界有数の企業・学術機関から収集した300万点以上の画像を利用できます。（利用期限は、利用開始日から起算して1年、または、2020年3月末日のうち、いずれか先に訪れる日まで）

一太郎2018プレミアム／スーパープレミアムでできること

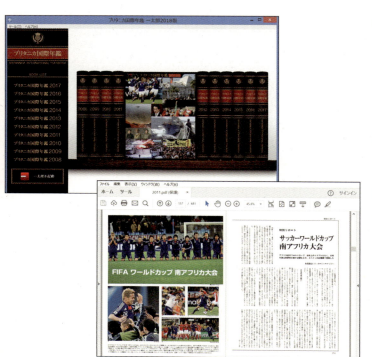

● ブリタニカ国際年鑑
　一太郎2018版

世界の一年間の出来事を、政治経済から科学、芸術、スポーツまで幅広く、解説記事、人物記事、特集記事と、世界の国を網羅した詳細な統計資料に集約するブリタニカ国際年鑑。「ブリタニカ国際年鑑 一太郎2018版」は、2008年から2017年までに刊行された10冊の『ブリタニカ国際年鑑』をパソコンで利用できるようにしたものです。

● Zoner Photo Studio X

初心者からプロの写真家まで、デジタル写真を扱う幅広いユーザーにとって満足できる機能を備えるZoner Photo Studioを2年間使用できる特別ライセンスが付属します。

● JUST Calc 3 /R.3

Excelと高い互換性を持った表計算ソフト。Excel形式ファイルの読み込みと保存に対応しています。ピボットテーブル・オートフィルター・スパークライン・条件付き書式・グラフ・関数など、Excelでよく使われる機能にも対応しています。

● JUST Focus 3 /R.3

PowerPointと高い互換性を持ったプレゼンテーションソフト。pptx形式のファイルの読み込みと保存に対応しています。すぐれた表現力とテーマや文字の効果などの機能を備えていて、魅力あるプレゼンテーションを演出できます。

索引

英数字

- １ページだけの文書 …………… 243
- ATOK ………………………… 25,66
- ATOKイミクル ………………… 89
- ATOKディープコアエンジン … 25
- ATOKディープコレクト ……… 25,87
- ATOKのオン／オフ …………… 66
- ATOKプロパティ ……………… 67
- ATOKメニュー ………………… 67
- EPUB …………………………… 160
- PDF ……………………………… 10
- POP文字 ………………………… 177
- Word形式 ……………………… 245

あ行

- アイコンから起動 ……………… 31
- アウトプットナビ ……… 8,122,159
- アプリを検索 …………………… 31
- アルファベット ………………… 73
- アンダーライン ………………… 42
- 印刷 ……………………………… 62
- 印刷所にデータを入稿する … 10,159
- 印刷ダイアログボックス ……… 12
- インデント ……………………… 48
- インデントマーク ……………… 29
- ウィンドウ分割 ………………… 207
- 上書保存 ………………………… 33
- 英字 ……………………………… 73
- エディタフェーズ ……………… 22
- 絵や写真の挿入 ……………… 51,181
- 絵や写真の変更 ………………… 98
- オーダーメイド ……………… 131,202
- お気に入りのフォント ………… 39
- 奥付 ……………………………… 155
- 折り本 ………………………… 9,119

か行

- カーソル位置表示 ……………… 29
- 解除（文字飾り）………………… 43
- 回転 ……………………………… 44
- 顔文字 …………………………… 77
- 拡大表示 ………………………… 70
- 確定 ……………………………… 68
- 確定履歴 ………………………… 84
- 影文字 …………………………… 44
- 飾り変更 ……………………… 108
- 画像の型抜き …………………… 99
- 画像変換 ………………………… 10
- 画像枠で挿入 …………………… 51
- カタカナ ………………………… 72
- 括弧（罫線）…………………… 219
- 括弧内のくだけた表現 ………… 18
- カナ入力 ………………………… 67
- 簡易作図 …………………… 187,223
- 環境を元に戻す ……………… 246
- 感太 …………………………… 228
- 擬音語 …………………………… 17
- 擬態語 …………………………… 17
- 起動 ……………………………… 30
- きまるスタイル ………… 15,57,129,165
- きまるフレーム ……………… 230
- 行間 ……………………………… 50
- 行間ライン ………………… 29,242
- 行頭に空白をあける …………… 18
- 切り取り ………………………… 59
- 均等割付 ………………………… 50
- くっきり画面 ………………… 209
- 繰り返し ………………………… 60
- クリップボード ………………… 59
- 罫線 ………………… 215,216,217,222
- 罫線の種類 …………………… 220
- 罫線を消去 …………………… 221
- 原稿用紙 ……………………… 238
- 検索 …………………………… 235
- 広辞苑 第七版 for ATOK ……… 79
- 校正 ………………………… 17,144
- 候補ウィンドウ ………………… 70
- ゴシック体 ……………………… 38
- こだわり ……………………… 132
- 固定レイアウト ……………… 162
- コピー …………………………… 58
- コマンドバー …………………… 29
- コンビニプリント ……………… 11

さ行

- 作業フェーズ ………… 112,135,204
- 作業フェーズ変更ボタン ……… 29
- 冊子作成 ………………………… 9
- シートタブ ………………… 29,214
- シートタブスクロールボタン … 29
- シートの移動 ………………… 212
- シートの追加 ………………… 211
- シートの名前・タブ色変更 … 213
- 字間 ……………………………… 49
- 時刻 ……………………………… 82
- 写真フィルター ……………… 227
- 写真をまとめてレイアウト 52,225
- 斜線（罫線）…………………… 218
- 斜体 ……………………………… 40
- ジャンプパレット ……… 29,145,208
- 終了 ……………………………… 32
- 小説投稿 …………………… 11,139
- 小説用ダッシュ …………… 14,134
- 小説用ファンクションキーセット 131
- 書体 ……………………………… 38
- 新書サイズ ……………………… 15
- 推測候補 ………………………… 76
- 推測変換 ………………………… 76
- 数字フォント …………………… 56
- ズームコントロール …………… 29
- スクロールバー ………………… 29
- 図形 …………………………… 104,223
- スタートメニューから起動 …… 31
- ステータスバー ………………… 29
- ストック（文字飾り）………… 229
- 設定解像度 ……………………… 52
- 説明文（絵や写真）…………… 53
- 全角・半角変換 ……………… 237
- センタリング …………………… 46
- ソプラウィンドウ ……………… 22

た行

- タイトルバー …………………… 28
- タック用紙 …………………… 240
- タッチキーボード ……………… 75
- 縦組引用符の補完 ……………… 13
- 縦組文書 ………………………… 13
- 縦ルーラー ……………………… 29
- ダブルミニュート ……………… 13

253

索引

段組 …………………… 232	左寄せ …………………… 47	**ま行**
単語登録 …………………… 80	日付 …………………… 82	マージン …………………… 56
段落スタイル …………………… 190	ビューア …………………… 112	まとめて改行削除 …………… 24,140
置換 …………………… 236	表紙ギャラリー …………………… 156	右寄せ …………………… 47
注目文節 …………………… 71	表示倍率 …………………… 169,206	明朝体 …………………… 38
ツールバー …………………… 28	開く …………………… 35	メール送信 …………………… 11
ツールパレット …………………… 29	平とじ …………………… 9	メニューバー …………………… 28
つづら折り …………………… 9	頻出語チェック …………… 16,148	モード切り替えボタン …………… 29
データサイズを縮小 …………………… 52	ファイル …………………… 33	目次 …………………… 149
手書き文字入力 …………………… 85	ファイルの履歴 …………………… 36	目次ギャラリー …………… 14,150
テキスト保存時のふりがな自動設定 …………… 24,139	ファンクションキー表示切替 …… 29	文字色 …………………… 41
テキスト読込時のふりがな自動設定 …………… 23,139	フォルダツリー …………………… 36	文字囲 …………………… 44
電子辞典 …………………… 79	フォント …………………… 38	モジグラフィ …………… 157,170
電子書籍 …………………… 10,160	付箋 …………………… 97	文字サイズ …………………… 37
テンプレート …………………… 93	ブックマーク …………………… 210	文字サイズ大きく …………………… 45
同音語 …………………… 69	フッタ …………………… 233	文字サイズ小さく …………………… 45
登録（文書スタイル） …………… 57	太字 …………………… 40	文字数 …………………… 141
特殊印刷 …………………… 64	部品 …………………… 54	文字揃え …………………… 46
取り消し …………………… 61	ふりがな …………………… 96,137	文字を上にずらす …………………… 48
取り消し回数 …………………… 244	プリンタ印刷 …………………… 8	文字を下にずらす …………………… 48
取消ライン …………………… 43	ブログ …………………… 23	**や・ら・わ行**
ドロップキャップ …………………… 234	文書校正 …………………… 144	用紙や字数行数の設定 …………… 55
な行	文書スタイル …………… 55,167	横ルーラー …………………… 29
中とじ …………………… 9	文節の区切り方 …………………… 71	余白 …………………… 56
中扉 …………………… 153	ページ飾り …………………… 114	余白を残してスクロール …………… 243
中抜き …………………… 44	ベースシフト解除 …………………… 48	呼出（文書スタイル） …………… 57
名前を付けて保存 …………… 33	ベースライン …………………… 48	楽々はがき セレクト for 一太郎 …………… 247
日本語入力システム …………… 66	ヘッダ …………………… 233	ラベル …………………… 240
入力アシスト …………… 13,19,132	変換 …………………… 68	リフレッシュナビ …………………… 88
塗り足し …………………… 15	変換候補 …………………… 69	リフロー …………………… 162
塗りつぶし …………………… 44	変換辞書 …………………… 26	履歴 …………………… 36
は行	編集画面タイプ …………………… 169	レイアウト …………………… 13
倍率表示 …………………… 29,206	編集画面タイプ切替 …………… 29	レイアウト印刷 …………… 64,125
はがき …………………… 247	編集記号カラー表示 …………… 21	レイアウト枠 …………… 101,193
バックアップ …………………… 34	ポイント …………………… 37	連想変換 …………………… 81
バックアップの履歴から開く … 34	傍点 …………………… 44,134	ローマ字入力 …………………… 67
貼り付け …………………… 58	傍点のレイアウト …………………… 13	枠飾り …………………… 106
範囲を指定して印刷 …………… 63	ポスター印刷 …………………… 64	和文フォント …………………… 56
反転 …………………… 44	保存 …………………… 33	
	保存形式 …………………… 34	
	ポメラ …………………… 22	

ジャムハウスの本

プログラミングにも挑戦！

親子でベーシック入門
Ichigojamではじめてのプログラミング

蘆田昇・福野泰介[著]　[**本体価格**] 1,980円　ISBN：978-4-906768-31-8

プログラミング「ベーシック」を学べる入門書です。
テレビに繋ぐだけですぐに始められるミニパソコン「IchigoJam」を使って解説。「IchigoJam」付きの「かんたんスタートパック」はジャムハウス直営ショップで取り扱い中です。「IchigoJam」の電子工作を紹介した電子書籍「親子で挑戦！」シリーズも刊行中！

自分の工作を自分で動かす！

スマホでおもちゃを動かしちゃおう！
"MaBeee"活用ブック

ジャムハウス編集部[著]　[**本体価格**] 1,500円　ISBN：978-4-906768-40-0

単3電池のおもちゃやライトに"MaBeee"をセットするだけ。MaBeeeを使えば自分のミニ四駆や懐中電灯をスマホで動かせます！
その便利で楽しいMaBeeeの使い方はもちろんのこと、MaBeeeをもっと面白くする工作のレシピや制作秘話、アイデアコンテストのレポートを収録している大満足の1冊です！

一太郎くんと花子ちゃん　https://tarohana.themedia.jp/

文書作成ソフト「一太郎」と統合グラフィックソフト「花子」の「知っておくと便利なワザ」を紹介しています。一太郎＆花子に関する情報発信も。一太郎のワザは電子書籍版も配信中！

ジャムハウスのホームページ　http://www.jam-house.co.jp/

ジャムハウスで出している本の紹介はもちろん、刊行書籍にちなんだ情報を発信するプラットフォームです。新刊情報、電子書籍、各メディアにアクセスすることができます。キャンペーンや得する情報もこちらから。

モノボックス
http://www.mono-box-media.com/

3Dプリンターにプログラミング、そして電子工作……。見ているだけでわくわくする、ものづくりの情報がつまったウェブメディアです！電子工作は作り方も掲載しているので挑戦もできます。

ジャムハウス 電子書籍
https://jam-house-media.shopinfo.jp/

ジャムハウスでは電子書籍も続々刊行中！　羊毛フェルトや電子工作、教育からビジネスまで幅広い品揃え。刊行した書籍の電子版を中心に、電子書籍オリジナルのものもあるので要チェックです！

内藤由美（ないとう ゆみ／フリーライター）
ジャストシステムを退社後、IT関連のライター・編集者として活動。ソフトウェアの解説本、パソコンやスマートフォンの活用記事などを執筆。日経BP社のムックや書籍の編集も担当。

井上健語（いのうえ けんご）
フリーランスのテクニカルライター。オールアバウトの「Wordの使い方」「パソコンソフト」のガイドも担当。近著は『誰でもできる！ LINE WORKS導入ガイド』（日経BP社）、『ああしたい！ こうしたい！ 地図や案内図のつくり方』（技術評論社）など。
個人サイト：http://www.makoto3.net
Facebook：https://www.facebook.com/inouekengo

- ●「一太郎2018」の操作に関するご質問は、株式会社ジャストシステム サポートセンターにお問い合わせください。
- ●その他、本書で紹介したハードウェア・ソフトウェア・システム本体に関するご質問は、各メーカー・開発元の担当部署にお問い合わせください。
- ●本書の内容に基づく運用結果について、弊社は責任を負いません。ご了承ください。
- ●万一、乱丁・落丁本などの不良がございましたら、お手数ですが株式会社ジャムハウスまでご返送ください。送料は弊社負担でお取り替えいたします。
- ●本書の内容に関する感想、お問い合わせは、下記のメールアドレスあるいはFAX番号あてにお願いいたします。電話によるお問い合わせには、応じかねます。
  メールアドレス◆ mail@jam-house.co.jp　FAX番号◆ 03-6277-0581
- ●可能な限り、最新の情報を収録するように努めておりますが、商品のお買い上げの時期によって、同一書籍にも多少の違いが生じるケースがあります。また、これは本書の刊行時期以降の改変などについて保証するものではございません。ご了承ください。

学んで作る！ 一太郎2018 使いこなしガイド
2018年2月9日　初版第1刷発行

著者	内藤由美＋井上健語＋ジャムハウス編集部
発行人	池田利夫
発行所	株式会社ジャムハウス 〒170-0004　東京都豊島区北大塚2-3-12 　　　　　　ライオンズマンション大塚角萬302号室
カバー・本文デザイン	船田久美子
印刷・製本	シナノ書籍印刷株式会社

ISBN978-4-906768-41-7
定価はカバーに明記してあります。

© 2018
Yumi Naito, Kengo Inoue
JamHouse
Printed in Japan